美利坚围城
——美国封闭式社区调查

Fortress America
Gated Communities in the United States

[美]爱德华·J·布莱克利 玛丽·盖尔·斯奈德 著
刘 畅 顾宗培等 译

中国建筑工业出版社

著作权合同登记：图字01-2017-0593号

图书在版编目（CIP）数据

美利坚围城：美国封闭式社区调查／（美）爱德华•布莱克利著；刘畅等译．—北京：中国建筑工业出版社，2017.6
ISBN 978-7-112-20417-5

Ⅰ．①美… Ⅱ．①爱… ②刘… Ⅲ．①社区管理－研究－美国 Ⅳ．①D771.283

中国版本图书馆CIP数据核字（2017）第028865号

Fortress America: Gated Communities in the United States（ISBN-13: 978-0815710035）
Edward J. Blakely and Mary Gail Snyder
© 1999, The Brookings Institution and Lincoln Institute of Land Policy
Licensed by The Brookings Institution Press, Washington, DC, U.S.A.

Chinese translation © 2017 China Architecture & Building Press
All rights reserved.

本书经美国布鲁金斯学会出版社正式授权我社在世界范围内独家翻译、出版、发行本书中文简体字版。

责任编辑：戚琳琳　孙书妍
责任校对：王宇枢　焦　乐

美利坚围城——美国封闭式社区调查
Fortress America
Gated Communities in the United States

［美］爱德华•J•布莱克利　玛丽•盖尔•斯奈德　著
刘　畅　顾宗培等　译

*

中国建筑工业出版社出版、发行（北京海淀三里河路9号）
各地新华书店、建筑书店经销
北京锋尚制版有限公司制版
北京中科印刷有限公司印刷

*

开本：880×1230毫米　1/32　印张：7⅛　字数：184千字
2017年6月第一版　2017年6月第一次印刷
定价：39.00元
ISBN 978 – 7 – 112 – 20417 – 5
（29967）

版权所有　翻印必究
如有印装质量问题，可寄本社退换
（邮政编码100037）

CONTENTS ｜目录

第1章　出闹市，筑围墙　　　　　　　/001

第2章　探寻社区精神　　　　　　　　/029

第3章　无忧乐土：品质生活型社区　　/047

第4章　择邻而居：高端身份型社区　　/079

第5章　偏安一隅：治安保卫型社区　　/109

第6章　有路可逃，无处心安　　　　　/137

第7章　唯愿天下大同　　　　　　　　/157

第8章　共建美好家园　　　　　　　　/175

附　录　　　　　　　　　　　　　　　/193

附　注　　　　　　　　　　　　　　　/195

参考资料　　　　　　　　　　　　　　/212

致　谢　　　　　　　　　　　　　　　/222

前 言 | FOREWORD

近年来封闭式社区备受媒体关注，并引起了很大争议。对于那些生活在围墙后面的人和那些反对围墙的人，封闭式社区都是个麻烦的话题。考虑到美国市郊当前的状态，封闭式社区的居民选择有安全保障的社区是有道理的。而反对者则认为，将社区封闭起来会使得整个社会和经济结构更加碎片化。

封闭式社区不仅是居住的另一种形式，也是深层次社会转型的一部分。在许多方面，门禁是国家政治和社会面貌变化进程的隐喻。像移民、反歧视、堕胎等其他社会问题一样，封闭式社区的讨论不会因为一本书、一篇文章，或者一组数据的发布而终结。这本书反映的是封闭式社区的普遍性问题，同时重点关注权力和责任的公私分野，以及社区实践等复杂问题。

这本书讨论的对象是封闭式社区以及其中居民的诉求：为什么他们选择了门禁，以及他们在围墙后的生活是怎样的。同时，本书也探讨了封闭式社区和门禁反映了哪些国家性的社会目标、传统规范等问题。这些问题涉及封闭式社区的实践，以及围墙内外公民间的社会纽带。书中讨论了安全、犯罪、私有化，以及社会和经济隔离的问题，并尝试从中了解美国人如何在动荡的时期寻找社会凝聚力。

这本书的读者可以是政府官员、政策制定者、教育者、住在围墙内外的广大公众，以及对于如何建立社区和社会感兴趣的人们。本书试图抛砖引玉，以引出严肃的对话和讨论，最重要的是，它提出了国家必须面对的一系列相关政策问题。

美国全国各地的人们在选择居住模式时都面临着难题：因为居住模式影响的不仅是社区的外观，还包括社区的特质。这不是容易解决的问题，它们事关社区和城市的公共政策。对于社区方面的决策，看似不大却非常重要，因为这不仅会影响个别社区，还最终会影响整个国家的样貌，对其重要性我们不能掉以轻心。

本书的出版离不开林肯土地政策研究所以及古根海姆纪念基金会的财政支持。我们尤其感谢林肯研究院的德博拉·梅娜思（Deborah Miness）及罗莎琳·格林斯坦（Rosalind Greenstein）对本书研究阶段的帮助，以及出版部主任爱丽丝·英格森（Alice Ingerson）的帮助和宝贵意见。

林肯研究院同时还赞助了在波士顿剑桥市举办的一日讨论会，使得我们在本书写作的早期得到了许多有用的建议。我们向以下参与者表示感谢：林肯研究院的Ben Chinitz、Robert Einsweiler，《达拉斯晨报》的David Dillon，美国第一保险公司的Ellie Lang，美国规划师协会的Sylvia Lewis，华盛顿大学的Gary Pivo，Sedway事务所的Lynn Sedway，佐治亚理工大学的David Sewicki，约克大学的Gerda

Wekerle、丹佛大学的James Winokur。同时，我们特别感谢布鲁金斯学会的安东尼·当斯（Anthony Downs），以及三位匿名的审稿者对本书做了细致的校对并提出了宝贵建议。

我们还得到了许多新闻工作者的帮助。新闻记者是珍贵的信息来源。他们分享了许多线索和报道，使我们掌握了封闭式社区的位置以及当地相关的社会经济问题。虽然不能一一列举他们的名字，但我们向数百位记者及他们的总编表示感谢。

在组织各个城市的实地考察中，我们得到了Ellie Lang、Sergio Ramirez、Rick Szymanski、Fran Toscano、John Tuitte、Frank Turner、Paul Waddell的帮助。应用发展经济学研究院的Jim King帮助组织了讨论组。我们向加利福尼亚州大学伯克利分校城市与区域发展系的Christine Amado、Martha Conway以及Miho Rahm表示感谢，尤其是帮助审稿的Barbara Hadenfeldt。南加利福尼亚州大学的行政助理Wende Green和Ellie Tostado，在本书写作全程都给予了支持。我们还感谢布鲁金斯学会的编辑Nancy Davidson、Janet Mowery、Inge Lockwood、Kurt Lindblom和Deborah Patton。

最后，在我们进行美国全国考察的过程中，无数人贡献了他们的时间和观点，在此我们也向他们致谢。

1999年5月

第1章
出闹市,筑围墙

边界的设置永远是一个政治行为。边界意味着会员资格的设立：必须有人在内，有人在外。边界还可以创建和划定空间，为各种政治、经济和社会目的实现组织活动。用物质空间创建社交场所是美国一项长期而深厚的传统。

封闭式社区作为住宅边界形式中较为引人注目的一种，从1980年代开始在全美盛行，数百万美国人选择在围墙和栅栏圈起来的封闭的公民空间中居住。公民空间（Civic space）不只是一个政治和司法概念，而是社会、文化，以及公共政体的一种体现。

在这个人口、经济、社会都在发生巨大变革的年代，美国人关于未来的担忧越来越多。许多人对自己所在的社区正失去信心，这尤其反映在对犯罪事件的日益焦虑上。因此，越来越多的手段被运用在对外界环境的管制上，以提高人身和财产上的安全感。所以，围墙和封闭式社区层出不穷的现象，也是美国人堡垒心态滋长的突出表现。门禁、围栏和保安，就像排外的土地利用政策、开发规范和其他一系列规划手段一样，是限制外人进入住宅、商业设施和公共场所的手段。

美国人自愿选择居住在有警卫设施的围墙里面，防止外人侵入私人领域。这一现象发生在各个阶层，人们在住所周围立起围墙，试图保护他们的房屋价值，躲避犯罪，并寻找在追求生活品质上有共鸣的邻居。城市的郊区更是几乎被封闭式社区占领。这些堡垒不仅是对暴力犯罪的防备，对快速变革的社会的抵御，也是对"美国梦"这样理想的社会空间的渴求。

封闭式社区是指限制公众进入的，将公共空间私有化了的住宅区，有外墙、围栏和警戒入口，以及明确的外围界限，既包括新建的封闭式小区，也包括后来在改造中新增了门禁和围墙的旧居住区。这样的社区在内城中心和市郊，从富人区到穷人区都可以见到。门禁的形式从保安24小时值守的2层豪华警卫室，到电动伸缩铁门，到一根电子抬杆都有。警卫室通常面向两条车道，一条车道为住户专用，另一条供来宾和游客使用。居民可以用电子卡、代码，或者遥控装置打开门禁。部分有24小时保安值守的小区要求所有车辆必须经警卫岗出入，并配发风挡贴纸用于识别。而没有保安值守的小区则有对讲系统、摄像机等来监控和放行车辆。

本书讨论的居所不是指在大堂、走廊或者车库设有门卫或门锁的高层公寓，这里的封闭式社区是指阻碍了道路、人行道、公园、海滩、河流、操场等这些本可以被公众利用和共享，却被围墙圈起的空间。

我们估计已经有约300万个美国家庭搬入这些封闭式社区，以躲避城镇化所带来的各类问题。[1]1985年美国仅有少数地方有封闭式社区，如今几乎每个大城市都有。这样的社区某种程度上反映了"社区即岛国"的概念，是阻隔城市总体秩序恶化的防波堤。它们还代表了用私人管制来取代公共组织的尝试，也是对民主国家公民共同责任的替代。门禁和围墙不一定是这些社会趋势造成的结果，更多的是这些趋势的突出表现。

门禁和围墙不仅是简单的空间障碍。它们表现着种种对立：出于恐惧和维持既得利益需要的排外冲动与公民责任的矛盾；公共服务私有化趋势与公共利益、普世福利之间的矛盾；以及个人和社区实现对周边环境的控制与异化同胞的矛盾。

封闭式社区的现象对公共政策有巨大影响——究竟封闭式社区的存在是人们为了保护自我人身、经济安全以及生活质量，还是使市民从公共接触中脱离，为了将他人排除在他们的经济和社会特权之外？对这一结果的讨论容易激发两极化的意识形态的争论。封闭式社区的存在究竟是隔离公民的、排外的城堡，还是人们保护人身和财产安全的避风港？

本书研究的根本在于封闭式社区怎样反映着美国社会和公民权。问题的实质不是门禁和围墙本身，而是为什么人们认为自己需要门禁和围墙？需要警卫和围栏将各个社区隔离开的人对社会和政治民主有什么影响？这个国家在没有社会接触的情况下，还能否履行社会契约？

封闭式社区的演化史

门禁和围墙就和城市的建设史一样悠久。英格兰最早的封闭式社区是在公元前300年由罗马占领军修建的。罗马士兵在服役期满后可在各个部落地区获得土地和房屋，用来巩固和稳定广袤却人烟稀少的乡村地区。罗马家庭在属地中心聚居，竖起墙壁或者其他防御工事。与传统的看法相反，这些墙壁更多的是用来警惕随时都可能反叛封建地主的当地村民，而不是外来的入侵者。后来出现的城堡也是防止入侵者或内部交战派系的一种方式。

因此，围墙和阶级的划分系统在英格兰根深蒂固。亨利一世、理查德二世和查尔斯二世就常常龟缩在伦敦塔里，防范叛逆的贵族和有敌意的村民。伦敦直到18世纪才有警察，因此有财力的阶层选择了起围墙来保护自己和氏族免受当地居民野蛮行为的损害。英格兰现存的有围墙的修道院、庄园以及城堡，都是这些历史的遗存（图1–1）。[2]

早期在美洲建立的军事据点也有围墙和大门，比如加勒比海上西班牙修建的要塞。单纯作为住宅的封闭式小区直到19世纪后半叶才出现。像纽约的塔克西图公园（Tuxedo Park）和圣路易斯的私人街区就是由高收入阶层在19世纪初用来隔离快速工业化进程中城市的种种麻烦而形成的。[3]进入20世纪，美国东海岸和好莱坞的贵族阶层修建了许多封闭式社区，用来保护他们的隐私、声望和安全性。但这些早期的"围墙保护区"是与众不同的人的与众不同的生活方式，和我们今天见到的封闭式楼盘不同。

图1-1 英格兰的修道院围墙

20世纪60至70年代养老社区的大量建设带来了封闭式社区的兴起,休闲世界(Leisure World)等一批养老小区的建成首次为普通美国人提供了"住在围墙内"的机会。这样的发展模式很快蔓延到度假胜地和乡村俱乐部,再到中产阶级在郊区的住宅街区。20世纪80年代,对高档地产的投机和炫耀性消费的趋势使得封闭式小区在高尔夫球场等处周围迅速兴起,代表了对身份、声望和休闲的追求。

这十年随着大众对暴力犯罪的日益关注,因恐惧而催生的封闭式社区也成为主流。从郊区独栋住宅区到城市高层公寓楼,门禁得到了普遍的应用。从1980年代晚期开始,封闭式社区变成了美国全国各地到处可见的景象,成了一个个带门禁的小城市。

由于现代的封闭式社区是从度假地和养老地兴起的,所以在美国阳光地带的东南和西南几个州最常见。此后,它们开始在美国全国各地的大都市区出现,目前在东北、中西部和西北地区增长迅速。仅比较绝对数字的话,加利福尼亚州和佛罗里达州是封闭式社区数量最多的州,其次是得克萨斯州。此外,纽约市、芝加哥等大城市也常见。它们几乎在俄勒冈州、华盛顿州、爱荷华州、明尼苏达州、威斯康星州、宾夕法尼亚州、阿肯色州、马萨诸塞州、夏威夷、堪萨斯州、密苏里州、密歇根州、内华达州、弗吉尼亚州、马里兰州以及哥伦比亚特区也随处可见。封闭式社区是大城市集聚的现象,因此在达科他州、佛蒙特州和西弗吉尼亚州这样以农村为主的州相对少见(图1-2)。

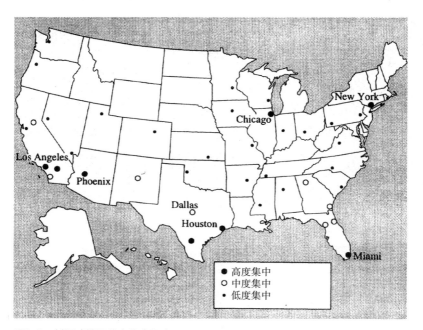

图1-2 封闭式社区分布集中程度
图片来源:加利福尼亚州大学伯克利分校城市与区域发展系 玛莎·康威(Martha Conway)

早期的封闭式社区只限于养老村和超级富豪的庄园，而1970年代至1990年代新建的封闭式社区主要面向中上层阶级。在规划建设的片区，中高端小区通常都是带门禁的。越大的片区，门禁、围墙以及配备警卫室就越容易被建立，因为有更多的住户分担这些成本。出于同样的原因，在联排别墅和其他高密度楼盘中也很常见，因为建设封闭设施的成本通常是中产阶级就能承担的。然而，封闭式社区尚未普及到低等收入阶层，即使在加利福尼亚等常见封闭社区的地方也是如此。我们估计，封闭式社区中的三分之一是为中上阶层服务的高档住宅，另外三分之一是面向退休者的养老社区（图1-3），其余的服务于中产阶级，而越来越多的工薪阶层为主的封闭式社区也正在出现。

我们估计，1997年全美的20000多个封闭式社区中约有300万套

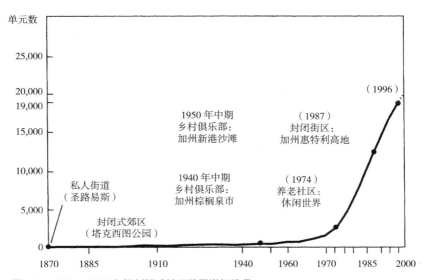

图1-3　1870—2000年间封闭式社区数量增长情况
图片来源：加利福尼亚州大学伯克利分校城市与区域发展系，克里斯汀·阿玛多（Christine Amado）

住房。[4]在所有地区和各个价格档次上它们的数量都在迅速增长。一家全美国领先的房地产开发商估计，每10个新开发的楼盘中有8个是封闭式的，[5]尤其是在郊区，这几乎是最主要的形式。1988年加利福尼亚的橙郡的140个新建项目中，三分之一是封闭式社区，是1993年数量的两倍。1989年一家建筑公司在调查中发现对封闭式社区的需求是开放式社区的三倍。[6]与橙郡相邻的圣费尔南多谷（San Fernando Valley），1980年代末已经有约100个封闭式社区是在1979年后启建的。[7]1990年一项面向购房者的调查问卷中发现54%的人希望购买有门禁的封闭式社区。[8]在纽约长岛，1980年代中期封闭式社区还很少见，但是到1990年代中期已成为普遍现象，几乎每一栋超过50个单元的公寓楼都设有警卫室。[9]芝加哥、亚特兰大郊区以及许多大城市都报道了类似的趋势。[10]

经济和社会隔离在美国不是新鲜事。事实上，分区规划和城市规划的一部分目的就是用建筑规范和密度控制的细微差别来保护优势阶层的地位，但封闭式社区在这些排外手段上更彻底。它们设立了空间上的阻隔，同时还私有化了公共空间。许多封闭式社区还将诸如治安警力和路灯维护、休憩娱乐等社区服务的公民责任私有化。这些新楼盘让邻里之间以及整体的政治体制中可分享的东西变少，成了自己的私人世界。

创造这样一个私人世界的第一步是控制它的入口。郊区从一产生就是为了将居民分开，一开始是与城市隔离，后来变成互相隔离。随着时间的推移，开发商掌握了多种控制入口的设计方式。在为郊区提供独享的私密空间时，街道设计是颇受青睐的技术。迈克尔·索斯沃斯（Michael Southworth）记录了楼盘设计人员是如何通过将街道从格网式逐渐改造成错断的平行路、环行路和梨形路的模式。[11]这样的街道模式使得汽车不能轻易进入，也有利于制造更多自我独立的、自

图1-4 城市与郊区不同的道路网设计
Michael Southworth. See Michael Southworth and Eran Ben-Joseph, Streets and the Shaping of Towns and Cities (New York: McGraw Hill, 1997).

我管理的、相互不连接的住宅片区。摈弃格网式街道是有意而为之的设计,就像设立门禁一样。曲折的死胡同作为一种威慑,限制了外来者和罪犯的访问(图1-4)。

比之刻意的街道设计,过去几十年中还发展出了一些不那么显眼的控制外来人员的手段,包括单用途的土地分区、公共交通的可达性限制等。在郊区的开发过程中,一个最重要的变化是公共建筑和公共空间不再是一个城市发展的中心。新建的单一居住小区聚焦在内部,强调私人空间多过公共空间。私家后院和围栏的目的就是邻里间的互相屏蔽。车棚和车库取代了屋前的门廊,而住宅的重心则被调整到远离街道、邻居和其他人到后方。随着公共空间的衰退,居住片区的各项配套设施也日益复杂和完整化。在社区之间和社区内部交往不断减少的趋势下,居住空间的封闭化成了一个自然而然和可预见的开发模式(图1-5)。

今天,防止外来人进入住区的障碍设计比起街道设计已经更加多样和具体。伴随着郊区封闭化的趋势,越来越多的城市街区也开始使用路障和门禁。在仍保留了格网状街道的老城区,街面的设计也在仿造郊区的模式,对入口做一定的管控。在老城区的住宅新增加的警卫室和门禁,比那些在郊区的意图更为明显。门禁是比街道设计更直观

图1-5 一处典型的社区大门
图1-6 洛杉矶市内的一处被围挡隔断的公共街道

和外在的表现，但它们也不是一个新现象，而是几十年郊区设计和公共土地利用政策的衍生物。门禁可以说是郊区的传统：发挥着加强"郊区性"和将郊区城市化的双重功能（图1-6）。

乌托邦郊区

封闭式社区是郊区化趋势的一部分，它们也植根于城市设计的传统。虽然美国的郊区形态独特，但它的起源可追溯到19世纪的英国。我们在规划开发的楼盘中看到的"人工乡村"就体现了工业时代的英国乡村住宅的遗风。商人和工业家们模仿乔治三世时期的乡绅，在乡村里或周边沿着新建公路修建的小庄园[12]。随着时间的推移，更快的交通方式使越来越多的人能享受乡村的生活方式，而不仅是那些有巨额财富或者世袭的社会地位的人。[13]

在美国，同样的交通技术革新也终结着步行城市，培育郊区的增长。[14]虽然贵族阶层在美洲已不再存在，但是阶级和地位的派头仍然存在。只有富有、有身份的人才能从郊区通勤到城市。从最早进行商业规划和开发的郊区纽约长岛的新布莱顿（New Brighton）到今天，此类楼盘的卖点仍然是"享受从工作和贸易的焦虑中抽离的家庭的宁静"。[15]

郊区不是市场驱动的开发商的创新产物，而是凝结了著名设计师和梦想家像建造乌托邦的理想一样，试图创造良好生活和社会风尚的历史。专门的社区设计也追溯到18世纪后期的罗伯特·欧文斯（Robert Owens）。欧文斯和他同代的法国人查尔斯·傅立叶（Charles Fourier）是最先提出空间的布局形式会影响人的情绪和社会系统的人。"这种思想完美诠释了公共社区生活方式的精髓：秩序、友爱、精神和身体的合一，探索试验以及社区个性。社区生活的核心在于和谐，包括人与自然的和谐，人与人之间的和谐以及精神和肉体的和谐"。[16]

随后，在19世纪，弗雷德里克·劳·奥姆斯特德（Frederick Law Olmsted）和弗兰克·劳埃德·赖特（Frank Lloyd Wright）这样的设计师通过引入曲线和死胡同形式的街道曲线，创造了像乌托邦一样的、自成一体的、有精心构筑的身份的住区（图1-7）。[17]最早期的郊区提供的特色和今天吸引居民的卖点并无二致，即房屋质量、安全、临近城市配套和排他性。

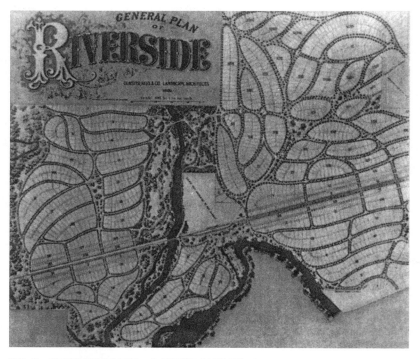

图1-7　1868年伊利诺伊州一个郊区街区的平面图: Olmsted, Vaux & Co.
Courtesy of the National Park Service, Frederick Law Olmsted National Historic Site.

在建筑师里没有谁比弗兰克·劳埃德·赖特对美国郊区产生的影响更大了。他设计的单层、无佣人但充满优雅和高贵气质的住宅为美国的中产阶级们提供了理想和渴望的住宅原型。弗兰克·劳埃德·赖特是这个原型的设计师，诺曼·洛克威尔（Norman Rockwell）对它作了进一步的解释和演绎，无数的电影和电视对它又做了普及和美化。这样的住房风格保证了中产阶级生活的机动性、舒适和效率，并且在大尺度的总体规划中也易于细分和统合。赖特的郊区形式通过奥姆斯特德等人的努力，在加利福尼亚州伯克利、塔利顿高地（Tarrytown Heights）、纽约和伊利诺伊州李福斯德（Riverside）逐渐演化为"现代社区"，他们当年设计的"电车郊区"也就是像利伟特城（Levittown）这样的"小汽车郊区"和"现代卧城"的前身。

作为中产阶级的等级和地位的标志，郊区是逃离城市的开始。英国商人、美国实业家，以及后来的美国中产阶级工人都试图逃离城市。以英格兰为例，往郊区的迁徙是为了逃避危及健康和令人不适的工业化的伦敦。但是，虽然郊区被视为一个逃避或喘息的场所，伦敦依然被视为活动中心，郊区的住宅仍然是第二住宅，主要在周末和夏季使用。正如塞缪尔·约翰逊（Samuel Johnson）所说，"当一个人厌倦了伦敦，他是厌倦了生活，因为伦敦有生活能赋予人的一切。"[18]

与英国的前身相比，美国郊区的特质和目的非常不同，它成了工业化进程中最主要的居住模式。美国的商人阶层买不起两所住宅。此外，美国早期的土地存量丰富且便宜。因此，尽管工业发展催生了城市化，在此过程中也刺激了郊区化。早在1815年，就出现了想要搬离城市中心的中产阶层，前往布鲁克林高地（Brooklyn Heights）、长岛和杨克斯（Yonkers）等远离曼哈顿的郊区。1911年，在福特公司开始量产汽车以后，纽约市38%的律师都已经住在曼哈顿市郊了。

郊区的建造者尽其所能地将郊区从城市中分离出来。开发的小区通常也以"公园"、"林"、"河"、"丘"、"谷"或"庄园"名字命名，给人以关于森林公园、绿谷庄园等等田园乡村的想象。

正如肯尼思·杰克逊（Kenneth Jackson）记录的那样，向郊区的迁徙已持续几十年，即使偶尔有将郊区纳入市区这类的激进土地兼并政策出现。[19]这一现象在洛杉矶市最为明显。好莱坞、圣费尔南多、皮科、维斯特伍德和环球城这类老城市的城市特性，比兼并了他们的洛杉矶更浓厚。但是，增长的城市兼并吸收郊区的时代已经一去不复返，郊区和城市之间空间的、社会的、经济的反差比以往更尖锐。大多数美国人现在居住在郊区。出于降低成本、规避低收入少数族裔（他们经常被视同犯罪分子）和其他城市问题的考虑，随着城市开发逐渐外扩，外围新形成的经济中心会支撑起郊区的扩张，并很快被快速膨胀的郊区所湮没。[20]

郊区原本承载着人们一系列的想象和期望：那里更贴近自然，更加安全，有更好的教育资源和同学，环境整洁，气氛友好，远离社会阴暗面，没有或很少有格格不入的建筑……然而现在的郊区已经不再像理想中那样成分单纯、民族种族单一。人口结构、社会文化等方方面面的变化渗透到社会各处，郊区也因此逐渐变得更加多元化。随着这种发展成熟和多元化，刑事犯罪、损坏公物、烂尾荒弃等本来是城市特有的问题也开始在郊区出现。

"郊区"再不是安全、美好、理想的同义词。这里涌现出大量的汽车和越来越多的中产阶级少数族裔：亚裔、非裔、拉美裔……加之法律保障人人享有平等选择住房的权利，使得中产阶级白人很难在近郊找到能独善其身的寓所。事实上，没有哪里是真正安全的——既然无法通过选择居住地点来确保安全，那么是否会有一种居住形式能够带来安全呢？这就是封闭式社区。人们寄希望于在围墙中的小区里，能够实现憧憬已久的邻里见面寒暄、街坊相互照应。

乌托邦式的梦想实践

封闭式社区的雏形来自于现代乌托邦，但却在实践中成了一种全新的模样。封闭式社区的发展和推广，并非是被作为探寻更好的社区机制的手段，而成了解决当下各种问题的一种对策。其数量快速增长的一个重要原因是开发商的思维方式——他们把封闭式社区作为一个卖点，一种针对细分市场的销售策略，甚至在某些地段，他们把"封闭式"视为满足购房者需求的必要条件。

开发商都愿意跟风潮，一旦他们发现同行的封闭式楼盘卖得不错，都会改弦更张，把"封闭式"的要素纳入开发方案中来。因为这种"随大流"效应，一旦某个区域有了第一个封闭式楼盘，其数量将很快地翻番。这类小区一般都有气派的大门和警卫室，在竞争激烈的郊区楼市中，小区大门也成了各个楼盘自我标榜、彰显特色的重要元素（图1-8）。

图1-8 洛杉矶市政厅前的一处封闭式楼盘广告牌
（广告牌内容：全新豪华联排别墅，封闭式社区，仅售14.9万起，三室三卫，另赠额外空间）

如果楼盘中还配建文体休闲设施，如高尔夫球场或者湖面，封闭式社区的大门还会起到限制出入的作用，保证这些设施为小区业主专享。此外，很多开发商都指出，封闭式社区的出售速度更快，有利于资金的快速回笼，这对于开发商来说是重大的利好。[21]

至于封闭式小区在售价上是否高于同档次的开放式小区，开发商们尚未有共识；房地产经纪人们对于封闭式小区是否存在溢价，以及是否更利于保值增值也没有定论。为此，我们调查了位于加利福尼亚州橙郡洛杉矶郊区的一个封闭式住宅较多的海滨地区，比较了两英里半径内同档次的封闭式和开放式小区的二手房价格。研究范围限定在非常小的区域内，从而排除其他地理位置因素和周边配套（如学校）对市场价格的影响；同时这个区域内楼盘类型丰富，其中很大一部分又是封闭小区，非常适合进行比较研究。

自1991年至1995年的五年交易数据并未体现出确定的趋势，总体上看两者的价差很小，封闭式小区的售价甚至略低。虽然这些数据不能推广应用到所有地方的房产市场，但仍然可以说，"封闭式"并不一定能让房产卖出高价，在市场下行时也未必能更好地保值。所调查的案例中，只有米逊维尔约（Mission Viejo）地区的一个封闭式联拼住宅区在房价下跌时表现出比开放式小区更好的保值效果。而对于业主来说，封闭式小区的一大优势是更易出售，因此也就能更快取得收益，这跟开发商希望快速回笼资金是同样的道理。

虽然图1-9中的数据只反映成交价格而不反映出售周期，但仍然可以表明，并不能指望"封闭式"为楼盘价格增值或保值。

开发商们试图通过封闭式社区的形式来创造安全的环境和熟人社区，特别是针对某些特定客户群。自1970年代以来，老年人就被当作封闭式社区的目标客户；随后，针对二套房市场的封闭式社区也形成了相当的规模。现在，目标客户又多了一些新的群体，包括可能经常

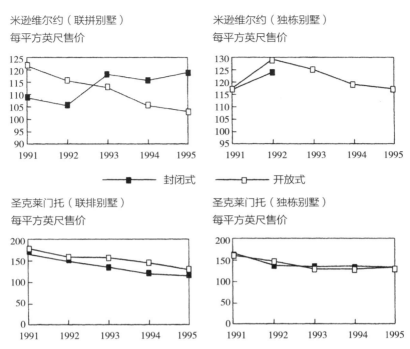

图1-9 加利福尼亚州橙郡地区封闭式与开放式小区1991—1995年价格对比
（来源：加利福尼亚州橙郡Meyers Company）

外出度长假的空巢老人、白天家中无人的年轻双职工家庭等。安全保障被他们视作一种自由的基础，能使他们不仅无须担忧犯罪的风险，同时也免受游商小贩、顽童恶少和其他三教九流闲杂人等的滋扰。而封闭式社区恰恰能提供外人所不能进入的业主共有空间。

购房者对于安全的追求势必会在房产市场上反映出来。早在1994年，一位开发商接受我们访谈时就谈到，封闭式社区的普及只是近几年的事情，是随着犯罪率的攀升和市政公共服务水平的下滑才发展起来的。[22]很多房地产从业者都预测，经济上的不安全感和对犯罪的忧虑将刺激封闭式社区和住宅安保系统需求的快速增长。当今社会，人人都怀有不安全感,都希望家能够成为安全的堡垒。

然而开发商在其广告和楼盘宣传册中并不会大肆渲染安保服务和小区安全性。因为即使最先进的安防科技也不能保证零犯罪,所以开发商也不会做如此承诺,从而规避责任。小区大门不仅起封闭的作用,同时是小区重要的配套设施。开发商通过展示小区的各类设施,力图彰显购房者所向往的生活方式,从而获得青睐。正如一位佛罗里达州的封闭小区开发商所讲,"卖房也是展销,开发商一定要抓住购房者的心理,我们并不用在广告上直接展示小区森严的大门,而是比如放一幅游艇的照片,引导一种消费心理。"[23]

开发商们还在广告宣传中巧妙利用"社区"这个词语来描述楼盘,把广告用语作为售楼的重要手段,在彩页图册中突出"社区"概念,将一个地块冠以"城市中的新型社区"、"一种全新的生活方式"、"传统社区的回归"乃至"都市中的第二故乡"等等说法。一些开发商还认为小区有大门会强化归属感,这正是人们要在社区寻求的一种积极心态。一位国内的开发商和房地产咨询师就说道,小区有大门能够创造一种社区的感觉,从而带动销售。"开车拐上自家的那条小街或者进入小区道路就会让你觉得回家了。如果你的小区有大门,到了大门,你就会觉得回家了,感觉会非常真切,不管进了大门还要走多远,进了大门就到了家。"[24]

房地产开发商一直走在创新的前沿,不仅在楼盘和街区设计上别出心裁,在社会机制创新方面也同样颇有作为。社区的营造不应局限于实物的设计布局,埃比尼泽·霍华德(Ebenezer Howard)对此深有体会。霍华德是19世纪名噪一时的花园城市的总设计师,设计过程中他在社区治理模式上倾注了不亚于空间形式设计的心血。他创造性地设立了一个内部机构来主导开发建设和融资,并通过这个社区机构向公共服务的使用者收取租金。该小区的开发完全没有引入地方政府的参与，因此也避免了与之相关的各种利益纠葛。[25]霍华德在他的社区纲领中写道："社区是花园城市唯一的所有人，社区的权益和权力赋予社区委员会（council）（或其任命的委员）。社区委员会作为准公共机构代表业主的权利，具有比其他地方机构更大的权力去执行业主的意志，从而通过自治的模式解决大部分社区问题。"[26]

查理斯·施特恩·阿舍尔（Charles Stern Ascher）吸收并传承了霍华德的理念。1928年，这位曾做过律师的规划师把自治（private government）的概念应用到了新泽西州雷德朋（Radburn）郊区的整体规划中。[27]受到霍华德的集体所有（communal private ownership）、社区自治理念的启发，他认为有必要通过设立限制性的社区规约（restrictive covenants）来强化自治，维护社区权益。通过结合社区自治和社区规约，雷德朋市设立了现代的业主委员会，开启了此后新楼盘普遍设置业委会的先河。

雷德朋的成功启发了各大开发商纷纷选择业委会模式，把社区规约写入房契，并引入了最低住房标准、统一建筑基线等等概念。有些开发商还把不向非白人和犹太人售房作为一种规则。通过推行约束性社区规约和建立业委会治理机制，开发商能够长期保持其小区的品质，进而一方面支撑未来售价，另一方面赢取社区居民支持。自此，开发商的职能远超出了房产建设的范畴，他们创造了一种新的生活方式。在人居环境由散向治、由公向私演变的漫长进程中，封闭式社区成了最新的发明。

偏重法治，不靠民风

封闭式社区的一个重要特征是其管理机制——自治的业主委员会。[28]这种形式在其他一些私有街区也有使用。在全美范围内，近年新建楼盘多是如此：每户业主平等享有街道、人行道以及小区大门等公共设施的所有权，选举产生的业委会理事会负责监督公共资产的处置，而每一户的房契中都明确要求遵守社区规约（CC&Rs）。即使在开放式住宅区，有了这些机制已属高度治理，而在封闭式社区，其管辖程度唯有更甚。

开发商设立业委会可谓一举多得。[29]其一，业委会能维护小区的纯粹性，并保障各种规定能够一以贯之地执行，从而有利于楼盘保值。这种保护不仅能限制个别业主的擅自变更行为，也能防范地方政府轻易改弦更张——业主们肯定不愿意政府借规划调整等理由引入高密度住宅、商业设施或是群住群租，开发商也正是抓住了这种心理。故此，郊区住宅群向业主共有的私产小区转变，在一定程度上也能绕开政府监管和社会责任。

其二，地方政府也往往希望楼盘开发能够自带业委会，因为开发商要为新建街道、给水排水等一系列基础设施埋单，他们可以通过业委会把这部分成本转移给购房者。同理，维护成本也可以由业主承担，从而减轻地方财政的负担。在加利福尼亚州等一些州，业委会还可以通过在开盘之初设立半官方机构来代收基础设施税费。[30]

业委会是一个能够制订规章的民间机构，这些规章符合宪法保护私人物权的精神。集体物权同私权一样不可侵犯，受最高法院的认可和保护。正如著名左派人士威廉姆·道格拉斯（William O. Douglas）法官所言："住宅土地的开发愿景应该是环境安宁、庭院开阔、人流稀疏、车辆受限。这种愿景是应予支持的。社区治理机构的职责不但应包括清污排废、环卫保洁，同样要在区域环境布置上发挥作用，从而让小区成为邻里和睦、朝气蓬勃、空气清新、宁静祥和、其乐融融的家园。"[31]

然而，现实中的业委会却不尽如设想的那样民享和民主。有些业委会中，投票权是以家庭为单位，而不是每个成年人一票；还有一些小区的投票权份额取决于房产的价值。此外，业委会订立的社区规约有时管辖过于宽泛，涵盖了家内家外方方面面。例如，有的规约规定，小区巡逻人员可以对小区内违规停车或超速开罚单，还有管得更宽的对室内装修也有要求，只要从室外能够看到的部分，必须符合规定，甚至还有规定每天固定时间后不允许业主在室外从事社交活动，等等。

虽然这些都是极端的例子，但对于不习惯被约束的业主来说，即使是普通的条款也让他们感到不自在。社区规约中一般都会有对外部维护和装饰风格的要求，规定景观绿化必须符合总体规划，住宅墙面甚至其入户门的涂装不能有过多的颜色；有些还会禁止饲养超过一定体重的宠物，或者不接受低于一定年龄的儿童入住；还有的小区有树木限高和花种要求，对篱笆、围墙和露台的设计都有要求；绝大部分规约还禁止安装空调室外机、庭院秋千、卫星接收锅等。其他常见的规定还有诸如禁止在室外晾晒衣物，禁止车库门常开不闭，禁止在小区道路上停泊卡车、房车或营运车辆，以及只允许在每天几点前把垃圾桶摆到街面上待收等。小区住户可能在入住前并不清楚社区规约的全部条款，或者不理解、不接受这些条款，这就容易导致与业委会的冲突。图1-10列出了一些业委会理事会在近期受访时提出的一些问题，全部涉及违反各类社区约定的情况。

有些业委会防范意识很强，甚至被人们诟病为"侦缉队"。而社区也通过业委会，利用划片分区、居民守则、停车规定和社区治安员机制等管理居民的行为。虽然这样做的目的是重树一种真正的"公共社区"（mutual community）观，但所采取的手段有时却不是公共民主的，而是专制管理式的。

显然，这种自治式的、有门有墙、有业委会的小区有着独特的吸

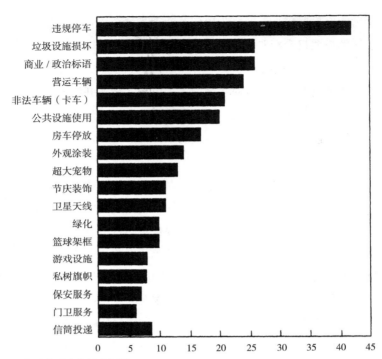

图1-10 业委会反映的部分问题

资料改编自：Doreen Heisler and Warren Klein, *Inside Look at Community Association Ownership: Facts and Perceptions* (Alexandria, Va.:Community Association Institute,1996).

引力，社区规约所带来的好处要超过一切房产保值措施和景观美化的效果。有了这些规约，邻居们彼此就不必为哪怕鸡毛蒜皮的小事而发生正面交涉，而可以通过第三方进行调解和纠偏。各项社区规约都已经在房契中予以明确，社区还会委任物业经理和保安公司来处理违规的情况；遇有不听劝告者，甚至可以诉至法院要求其搬离。

尽量规避人际交涉与合作不仅仅是业委会小区居民的倾向，而是当前社会的一个整体趋势：人们越来越偏好购买专业服务来完成本可以自力更生的工作。比如雇佣保姆带孩子、聘请家教教孩子，把父母送到"老年家园"赡养,请代理人跑办各类事项……不一而足。此类服务从起居琐事逐渐涵盖到家庭生活、公民生活、人际交往,现在也把触角伸向了社区事务和邻里关系。人们正把本属于自己的社会责任一步一步地让与专门化的服务代办。而封闭式社区,仅仅是这个大趋势的一个侧面。

脱离一般社会秩序的小政府

鉴于缺少在美国全国层面上对封闭式社区的统计资料,除了全面普查之外也没有其他适用的统计办法,因此我们收集了关于业委会现有的各类资料来初步探索它们的普遍特点。其中很多资料引用自全美社区组织行会(Community Associations Institute)对于其成员的调查统计,该行会是一个全国性的业委会行业组织。

据全美社区组织行会1992年预测,当时全美国共有15万个业委会组织;该组织最近一次的全面调查显示,平均每个业委会管辖291户家庭。但大部分业委会的规模都远小于这个均值:近半数只管辖不到150户,而只有11%的业委会管辖超过500户。约52%的业委会聘请专业物业公司管理,29%的是社区志愿者自治,而19%是通过业委会直接聘用小区物业人员。[32]

业委会能为居民提供诸多服务(见表1-1)。有近半数在小区建设有安保设施如大门、围墙、警卫室、电子监控系统等;其他常见的服务还包括绿化美化、垃圾清运、路面养护、游泳设施等,大部分都是通过雇佣专门的乙方公司提供。

据社区组织行会统计,美国的业委会数量增长惊人,增速达到每年1万家。[33]这是一个政府支持发展的行业。公众一边要求在联邦和州政府层面简政放权,一边在地方层面却又设立更多的治理机构。这

表1-1 业委会提供的各项服务

业委会提供的服务	提供该项服务的百分比
景观绿化	86
除雪	84
垃圾清运	65
游泳池	61
街道照明	58
街道清扫	57
会所	38
网球场地	34
小操场	21
公园	16
篮球场地	15
图书馆	12

资料来源：Doreen Heisler and Warren Klein, Inside Look at Community Association Homeownership: Facts and Perceptions (Alexandria, Va.:Community Associations Institute, 1996), p. 12.

个数字反映了社区的新型自治趋势，也说明了商业的发展已经能够支持业主和服务商各取所需，将额外的安保、园林等此前公共领域的服务转为付费商业化。一些分析人士质疑，这种自治其实背离了公权，形成了罗伯特·莱西（Robert Reich）所说的"精英脱离群众"（secession of the successful）。[34]

不少研究者把业委会看作是自治政府。[35]法律专家大卫·肯尼迪（David Kennedy）认为，业委会应被视作"一级政府组织"，因为他们在小区内提供的服务和履行的职权跟地方政府很相似。[36]肯尼迪认为道路、公园、人行道、街道照明、休闲设施、卫生、治安等一直以来都是由政府提供并进行维护，并依照以前的判例认为民间机构不能越俎代庖地提供此类公共服务。在这样的法律框架下,肯尼迪认为使用大门和围墙将非小区居民阻挡在外的行为有违宪法精神。

这些新型的"类政府"意在重新分配治理权力以及限制个别资源的公共享有。约翰·彼得森(John Petersen)就指出,这些机构形成了强大的力量,"绕开地方税收,还以自行承担了部分服务工作及成本为名,游说州立法机关给予退税等等,不一而足"。[37]新泽西、得克萨斯、马里兰、密苏里等州已经在实际管理中批准对地税政策进行调整以反映业委会自行提供的服务。[38]

长期以来总有纳税人抱怨"自己"缴的税被用于解决"别人"的问题,即使受益人是本城市的其他居民也不尽合理。这种思维本就根深蒂固,在基层自治的情形下又变得尤甚。随着业委会的普及,越来越多的美国人只愿意盘算自己该缴哪一部分税项,只对自己有需要的服务和那些能给自己和近邻带来好处的事项缴税付费。这其实是一种脱离城市或县郡的行为,以此来规避为本小区以外的广大民众缴税的义务。

公民社会割裂(civic secession)在全美各地都有发生。在设立政府的法规比较宽松的地区,如加利福尼亚州、佛罗里达等很多州,开发商们在跟住户一道试图成立独立于现有市、郡政府的新政府。人们出于各种理由青睐独立出来的新城市:根据住房和城市发展方面的法规,这些新城市政府可以出台法令条例,限制外来人员的进入,也可以把公众所纳税费用于具体到本区域的特定目标,而不必交由更大的地区使用。

在加利福尼亚州,成立一个新的城市或独立的县郡属地不是什么难事,很多这样的新城都采取了雷克伍德契约城市的模式(Lakewood contract city model)。在这个模式中,新成立的城市与上级县郡政府签订合约,由后者提供传统的政府服务,如治安、消防、给水排水

图1-11　加利福尼亚州拉古纳索（Laguna Sur）社区的一处告示牌上限制进入公共区域的规定

等，新城市必须认可这些服务的提供是基于合约，而不是其天然权利。而新城市政府的职能则是作为代表本市权益的集体组织向非政府的或非本级政府的服务商采购服务——这与很多业委会现有的运作模式没什么不同。

很多封闭式社区的居民对公共服务不满意，也不愿意为全市、全郡范围的公共服务缴费，于是就通过形成独立治理机构从原有的社会秩序中脱离出来。目前，美国至少有六个封闭式社区是完全独立的城市：洛杉矶郊外独立的富人区隐山市（Hidden Hills）有人口1812人；起伏岭市（Rolling Hills）人口2076人；加利福尼亚州河畔郡的峡谷湖（Canyon Lake）封闭小区位于洛杉矶以东，人口1.4万人，为各收入阶层杂居；佛罗里达州迈阿密附近的高尔夫市（Golf）有114人；

图1-12　佛罗里达州蓝花楹尖小区（Jacaranda Pointe）门口的告示
（上：蓝花楹尖小区为私人物产，禁止擅自闯入，禁止兜售推销；下：未经许可停车一律拖走，拖车费由车主负担）

金海滩市（Golden Beach）有612人；波卡拉顿（Boca Raton）郊外的小城亚特兰蒂斯市（Atlantis），四周设有铁丝网保护的围墙，1980年代中期有住户1125户，其市政资金的70%都用于支付建设门卫和保安成本。[39]加利福尼亚州还有一些小区，如圣路易斯奥比斯波（San Luis Obispo）郡的遗产农场（Heritage Ranch），以及有2.1万名居民的拉古纳山（Laguna Hills）地区休闲世界（Leisure World）小区都曾考虑过独立设市。另有已独立的城市，如伊利诺伊州芝加哥郊外的罗斯蒙特市（Rosemont）也选择了在通往其主居住区的公共街道上建起门卫，并由警察值守，而小区墙外就紧邻着高速公路出口的繁华地带，有旅途宾馆、商店以及几幢居民楼等。[40]（图1-11、1-12）

独立自治加剧了很多封闭式社区排外、私有化和分离化的趋势。规定各家必须安装尖木栅栏的隐山市（Hidden Hills）就给我们研究围墙内小政府的运作方式提供了一个很好的案例。与其相邻市镇的市长指称，隐山市在地区事务上既不参与，也不跟其他地方政府合作。例如，各地方政府市长召开会议时，隐山市只派一名普通职员参加。在隐山内部，一位参选市政府公务员的居民告诉《洛杉矶时报》，市政府"就好像高中生搞的班委会一样，人们往往把票投给他们私下认识或者喜欢的人。政府也没有什么要应对的紧急问题。"[41]

从小社区见大社会

美国社会正变得越来越不平等。封闭式社区现象仅仅从一个侧面反映出了城市体系失稳所释放出来的复杂社会力量。虽然小区的大门和围墙本身并不造成不平等或其他社会问题，但却真切反映了社会发展的格局和趋势。封闭式社区的私有化倾向和对物业的管理控制实质上限制和冲淡了外界对小区的直接影响。

近年来一些文献把封闭式社区数量的增长与其他建筑和规划创新联系起来：一站式服务的室内综合商场，安保森严的公共建筑、广场、公园，蜂窝式的宾馆和会议中心，以及将外来游客与本地人分开的导流天桥、地道……[42]跟封闭小区一样，所有这些方式都创设了一种精心管理的独立、安全的环境，几乎可以排除一切不愿看到的干扰。特雷弗·博迪（Trevor Boddy）将这种新环境的效应形容为"处于环境内部就等同于受到保护、有人撑腰、有人关爱，而处于其外部则意味着没有防护、被排斥和弱势。"[43]美国人民正在越来越偏向受保护的空间而远离公共空间，封闭式社区的大发展也正是这个趋势的体现。

第2章
探寻社区精神

在谈及封闭式住宅区时，开发商、官员和居民们常常使用"社区"一词。他们会谈到优秀街区的一些实际要素：人身与财产安全有保障，交通量少和噪声低，街道安全甚至可供儿童玩耍……

也会谈到社区的归属感、友好的氛围、人以群分的融洽关系和家的温馨。几乎所有人也免不了谈到自己社区、邻近社区乃至整个世界的各种问题，他们希望通过门禁来隔绝或者减少这些问题。

很多美国人觉得，不光是那些城市中心贫穷蔓延、犯罪丛生的问题社区，他们自己居住的小区也同样面临着威胁。因为刑事犯罪是相对随机而恶性的，劫车、绑架案在平静的郊区也时有发生；毒贩甚至会到远郊交易；黑帮的足迹也是遍布大小城市。此外，犯罪年轻化已成为全国性的问题，媒体不时讨论的"超级恶魔"，竟然常常指那些怙恶不悛、无所不用其极的十几岁少年。

公众所感受到的这种危险同样反映出所处环境的变化趋势：社会多元化，流动性增强，家庭结构变革，居民收入两极化，经济不确定性增加……这些关乎国计民生因素的快速变革本身即是一种危险。不确定性和不稳定性势必带来困扰，而家是人们心里价值的核心，住宅是大部分家庭最大的一笔投资和最重要的财务安全基础。然而要想住家安全，仅仅锁上家门是不够的，家所在的街区、城市都必须是安全的，才算是有所保障。

门禁、私家保安、围墙、隔挡等恰能够保障环境安全，提升生活质量。此外还有"邻里守望"体系、"不能进我家"运动、社区联防队以及业委会等等机制。在更高的层面，人们诉诸更严苛的法制和秩序，诸如强化治安、增配警力、严打重判等；另外，把开放的广场、边道等公共空间改造为私有空间如商场等，也反映了对严格安保的追求。所有这些努力都意在通过给予本地居民更多形式上和实质上的领地控制力来防范犯罪。而在策略上，有些人通过团结社区居民形成合力来更好地防范外部威胁，还有人通过管控那些不安定行为和不稳定分子实现这个目标，当然，更有人两者兼而用之。

封闭式社区正是强化领地控制的一种尝试。有些围墙意在圈住里面的人，而另外一些意在挡住外面的人。有些是为了标示地盘和身份，另一些则是为了排斥异类。彼得·马库塞（Peter Marcuse）曾撰文分析城市中形形色色的墙，有实体的、机制的、象征的、心理的、司法的等等，其中就提到住宅区的围墙、大门、隔挡等的不同用途。在穷人区，大门和围挡往往起"保护、团结"的作用，而在城市里升级改造后的高档小区，围墙则是为了保护这些富裕阶层新居民的优越地位。到了郊区，它们则成了"标榜身份和社会影响力，保护优越权利和财富不被外力侵入的工具。"[1]

城市的建设发展和新居住形式的演变常常反映了人们对更好生活方式的追求，而这种追求永远离不开对社区精神的探索。对于封闭式社区，住户们当然也是各有各的愿景和动机，比如寻求安全、保护隐私、标榜地位等，但很多人有一个共同的愿望，就是希望在一个封闭的环境中、私有的街区内，社区会变得更加轻松友好、坦诚团结。

在研究封闭式社区的过程中，我们也就其对社区实质的影响做了调查：人们期望中的封闭式社区生活是什么样的？实际的生活经历如何？怎样参与社区事务？与社区外的世界有什么样的联系？大门和围墙的存在如何影响居民对社区本身及其功能的认识？

我们所居住环境的样式和特征会显著影响到我们的生活经验、社会关系和行为方式。本章首先探讨了有关社区概念的话题，例如其含义是什么，与个体生活环境如何联系起来等；其次介绍研究的框架和方法；之后讨论封闭式社区的三种主要类型及其特征。

定义社区

从亚历克西斯·德·托克维尔（Alexis de Tocqueville）到当代的社会学家和政策制定者，社区和社区内的关系一直被视作美国的关键要素。但是社区究竟指的是什么？

在19世纪晚期，费迪南·滕尼斯（Ferdinand Tönnies）提出了法理社会（gesellschaft）和礼俗社会（gemeinschaft）的二元性，这个观点至今仍影响着人们对社区的看法。[2]礼俗社会（gemeinschaft）是"真正的"社区，它是指人与人之间自然的、情绪化的、互相依赖的联合。法理社会（gesellschaft）是指人类创造出的现代、理性和有效运转的社会。礼俗社会代表了同质、相互依赖且紧密结合的老式社区，而法理社会代表了不带个人色彩、疏远而机动的现代社会。礼俗社会现已逐渐被法理社会取代。

在20世纪的前几十年，芝加哥社会学派进行了关于社区，尤其是邻里的研究和学习，这项研究学习是理解社会的一个途径。罗伯特·帕克（Robert Park）和他的同事们将芝加哥的城市邻里视作社区进行分析，居住地的邻近培养了社区的感情，但居民们对各种社会力量的恐惧削弱了社区的凝聚力。[3]他们观察到，随着城镇化和现代化的进程，社区的数量在减少。城市机动性的增加，工业化、工作和居住的隔离以及大众文化的兴起弱化了人与人之间的亲密关系，从而削减了社会的凝聚力。相比基于亲属关系、文化和社区建立起的初级社会联系，以经济合作关系和合同契约关系等为代表的次级社会联系已经变得越来越重要。[4]

后来，社会学家们开始质疑传统的社区观念是不是已经消失了。杰拉尔德·萨特斯（Gerald Suttles）坚持认为，社区衰退这一说法是对比"黄金时代"提出的，但"黄金时代"并未真正存在过。有些理论家所说的社区的式微实质上是社区的转型。研究者并没有为理想化的礼俗社会寻找支撑，他们首先研究了社区所提供的功能：生产、分配和消耗社会产品；官方和非官方的社会调控；社会化居民；社会参与和互助合作。[5]研究者们发现，这些功能被不同形式的社区实现了。有一种是有限责任的社区，进出皆无限制，个人根据需要自由出入；[6]有一种是设防的社区，它与它所处的环境隔离；[7]还有一种社区是指介于个体和社会之间的机构，比如教堂、家庭和邻里。[8]所有这些形式的社区都能服务于其成员，使其成员感受到"社区感"。有些学者定义了一种在高速运转的现代出现的新型社区，这种新型社区不需要距离上的接近，它是建立在人与人之间联系的基础上，不受限于地域。[9]其他一些学者测量和量化这些联系，将现代社区视作复杂多变的初级社会关系网络。[10]

社区是一个模糊的概念，这个概念满载着历史和精神内涵，乡愁和浪漫主义情怀。由于社区的概念比较宽泛，导致很多学者谈论"社区"时所指的内容并不相同。尽管如此，他们对"社区"的定义还是有一些共同点。社区意味着共享：通常指共享一片领土，共享经历和社会互动，共享传统，共享社区机构，共同的目标或目的，共同的政治经济结构。[11]社区不仅意味着一种"社区感"，更意味着人们聚集在一片共同的地域，面对同样的生活环境。人们在社区内进行社交活动、政治和经济活动。

表2-1归纳总结了社区的重要元素。第一个重要元素共享地域的范围一般以物理边界或社会边界划定。如果边界是象征性的或无形的，那么居民可定义他们的社区。通常情况下，社区的物理标志有居住房屋类型、主要道路以及封闭式社区的围墙和大门等。

第二个重要元素是共同的价值观。社区的居民有很多共性，这些共性构建起社区及其居民的整体形象。这些共性可能包括种族、阶

社区元素　　　　　　　　表2-1

元素	功能	举例
共同地域	确定社区的边界	历史名字；房屋类型；地区名字；墙；大门
共同价值	定义社区的身份和共同点	种族背景；收入水平；宗教；历史和传统节庆
共享公共领域	互动平台	公园；露天场所；街道和人行道；私人化的社区设施
共享支撑体系	互相帮助和合作	志愿性的社区慈善组织和娱乐组织；教堂；专业的社区管理
共同的命运	保护和引领未来的机制	公民组织；志愿性邻里组织；规则和约定；业主委员会

级、宗教特征和相似的历史背景。第三个重要元素是共享公共领域。社区居民共享着社区内的公共空间，他们可以在公共空间交流和互动。这些公共空间包括街道和步行道、公园以及一些私人的城郊俱乐部等。第四个元素是共享的支撑体系。社区的一些组织机构会提供互助平台，组织集体活动。这些组织包括教堂、慈善组织、社交和娱乐俱乐部（如Junior League和Little League）；在一些业主委员会中，专业的管理是社区支撑体系的重要部分，包括志愿性的邻里促进团队、公民组织、业主委员会和规约。

　　在本书中，我们讨论的是以土地为载体的社区，即建立在特定地域上的住宅片区。如果邻里也被看作社区，那么它便不仅仅包括居住在同一地域内的邻居和朋友，它还包括邻里居民共同的责任感，相互间频繁的互动和合作。

　　在本书中，社区代表了由一个区域内的社会关系以及区域内的人所表达出的强烈的共同价值观。这里社区的概念有两个方面。第一个方面指的是社区的"私人化"内涵，即大多数美国人提起社区时想到的是一种家的情感和好的感受。它包含了社区居民的归属感和连带感、对一个地方及其居民的认知，以及社区居民互相帮助，共享社会关系的一种地方文化。第二个方面指的是社区的"公众化"内涵，它包括共同的责任义务、共同的命运和目标、直接的民主管理和社区事务的参与。社区居民达成互相依赖的共识，意识到生活的质量取决于其生活的环境和环境中的人。社区并不仅仅意味着生活在同样的地方，也不仅仅是和睦的邻里关系。

研究业主委员会的学者也会重点关注社区的理念，研究私人化迷你政府的建立对社区的经验和实践的意义。因为封闭式社区通常由业主委员会联合建设，所以本书可以为封闭式社区和大门提供一些线索。理论上，业主委员会可以成为本地社区发展得很好的工具。业主委员会拥有制度体系，可充当一个（亚）政府，可作为居民参与和交流的载体。在这种意义上，业主委员会是民主政治的一种形式。为了居民共同的利益，房屋协会通过地方管控和自决的手段将邻里凝聚起来。然而事实上，这种理想的状况很少出现。根据相关文献，业主委员会通常被指存在冷漠、冲突和缺少参与等问题。关于业主委员会的研究表明，没有明显的证据可证明业主委员会提高了群众的社会参与度和社区自我管理的水平。[12]罗伯特·迪尔格（Robert Dilger）把造成这种现象的原因归结为业主委员会制度上的纰漏和居民的"随大流"作风。社区参与是志愿性的，这就导致了少部分人承担了大部分工作。一旦社区突出的问题得以解决，大部分人就会觉得安全，把协会运转的负担留给少部分人去承担。[13]

卡罗尔·西尔弗曼（Carol Silverman）和斯蒂芬·巴顿（Stephen Barton）认为居民产权的私有化和居民公众角色之间的不协调导致了业主委员会的冲突和缺少参与的问题。居民将业主委员会看作保护他们私有产权的一种工具，防止外来入侵。因为业主委员会是基于这种个人的诉求，植根于私有产权和所有权，所以人们不认为业委会的义务应该延伸到公众,不认为社区应该被共享。格雷格·亚历山大(Greg Alexander)认为个人通常缺少"参与的意识"。[14]亚历山大认为在美国社区中存在的紧张感是由于社区契约论和社区共产论之间的冲突。社区契约论是一种理性选择理论,认为通常情况下个人是独立且联系不密切的,除非他们为了个人的利益而想要与别人建立联系。而在社区共产理论中,个体是被嵌在社会当中的。个体通过共性彼此相连,也通过他们共同创造并从中获益的社会关系彼此相连。[15]

社区的范围可能只是一个城市街区,也可能是大片区域。人们甚至提出过民族社区和国际社区(国际社会)的概念。每个人都是很多社区的成员,人和不同社区的关系构成无数的同心圆和交织重叠的网络。在美国,社区不仅仅是地方社会关系的集合,也是政治建设和实现社会理想的基本单元。随着社区变得商品化,居民生活的环境已经不是由他们创造出来的,而是买来的。居住邻里的质量越来越多地由居民的经济水平决定,而不是社会制度。美国最近的城市形态反映出,社会关系的建立从基于人际关系变成了基于财产所有权。本书讨论的封闭式社区的门禁和围墙不仅仅指入口的阻碍,它们是一种新的社会格局的象征,对国家的发展有着深刻的影响。

研究方法

学者们用了许多方法来调查研究社区、社区形态、社区影响和功能。关于个体社区的研究常常基于种族的视角,将参与观察作为主要的研究方法。城市社区研究的重点是民族飞地和贫民聚居区。在这个领域,赫伯特·甘斯(Herbert Gans)的工作成果非常有影响力;最近,伊利亚·安德森(Elijah Anderson)和其他学者使用了这项技术。[16]其余的研究者通过分析新闻报道、统计数据和历史数据等第二手资料来丰富参与观察的研究效果。

对社区的社会问题和政策问题感兴趣的学者通常会采用采访的方式进行研究。例如，威廉·朱利叶斯·威尔逊（William Julius Wilson）采用密集访谈的形式来了解居民们对社区价值、目标等问题的见解，这样一来他可以更好地调查贫穷的社区和社区中的居民。[17] 罗伯特·贝拉（Robert Bellah）及同事在其关于美国社区、义务和利己主义的经典研究"心灵的栖息地"中，与来自全美国各地的人进行访谈。贝拉及其同事认为"社会科学是一种大众哲学"，这些访谈是他们这一观点的基础。[18]

本书的研究借鉴了许多以上提到的方法。封闭式社区的出现是一种新兴的现象，关于它的研究几乎还是空白。因此，我们的研究是从调研开始。我们从报纸杂志等现有的资源，以及封闭社区的居民、地产开发商、公职人员、市民团体和各类国家协会处获取信息。我们的研究从识别封闭式社区趋势的物理特征和模式开始，但我们对封闭式社区所引起的社会问题更感兴趣。我们最关注的问题是封闭式社区的运作情况，无论是对内的邻里还是对外与其所在的城市、郡县和区域。我们试着思考封闭式社区的出现对我们的社会有怎样的影响：

封闭式社区内外的人都对封闭式社区有什么想法？大门和围墙的出现是不是为了满足地方居民的需求？居民们都有什么意见？开发商有什么意见？规划者有什么意见？政府官员有什么意见？

封闭式社区内的居民对社区是一种怎样的认识？他们在这些"飞地"中表现出了什么程度的社区精神和参与意识？居民是否认为自己与邻居是相互有联系的，还是认为其仅与社区有联系？封闭式社区从什么意义上看才是真正的社区？

封闭式社区对于市民来说意味着什么？封闭式社区内的居民们如何理解他们所处的更大的社区？他们会对大门外的城市感到亲近吗，

还是仅仅对墙内的社区感到亲近？他们如何与墙外的城市建立联系，一旦建立联系，这种联系牢靠吗？

我们将实地观察和调研情况、小组会议和访谈情况等描述性资料，与封闭式社区统计、其他二手数据等统计学资料结合分析。我们的研究没有任何国家或地方的官方数据可借鉴。并且，目前没有任何一所大学、研究机构或者行业组织开始研究封闭式社区这一现象。因此，我们研究的第一步是尽可能多地找到封闭式社区。首先，我们对网上的新闻报纸数据库进行搜索，找到了数百个封闭式社区，并开始搭建研究框架。

在自行开展媒体搜索的过程中，我们还联系了记者和其他可以为我们的研究提供帮助的重要人士，他们帮助我们联系到了全美国范围内的社区积极分子，包括规划师、开发商、地产经纪人、政府代表、贸易组织、安全顾问等相关人士。通过这些资源，我们为我们所识别出的封闭式社区创建了一个资料库，整理出了这些社区的主要特点。在加利福尼亚州进行完实地调研后，我们开发了一套封闭式社区的分类标准。

封闭式社区集中在旧金山湾、洛杉矶、加利福尼亚州棕榈泉、加利福尼亚州橙郡、达拉斯和迈阿密六大都市区，我们在这六大都市区进行了专题分组会议和访谈。专题分组会议的参与者有封闭式社区的居民、政府官员、房屋经纪人和开发商。根据我们自己制定的分类标准，我们选择了各类型的参与者。新闻媒体搜索和地方学术机构及杂志报社推荐是我们遴选研究对象的主要途径。来自行业内的参与者主要从事封闭式社区的开发和销售工作。来自政府的参与者有规划、消防和公安部门的代表，也有参与封闭式社区政策制定的相关官员。在实地调研的过程中，我们也进行独立的访谈，在时间有限的前提下确保获得尽可能多的视角。

为了确保专题小组会议的全面性，避免我们的先入之见和对问题理解的偏差主导会议内容，我们请了独立的协调人来协助主持小组讨论。每次专题小组会议讨论的内容包括一系列关于封闭式社区的普遍话题，以及一些在地方有重要影响的特殊话题。

所有的实地调研和专题小组会议都在阳光地带（Sunbelt，指美国南部阳光充足的地区）进行，那里的封闭式社区密度最高，分布最集中。为了收集数据，我们与位于弗吉尼亚州亚历山大市的全美社区组织行会（CAI）共同进行了一次全国范围的问卷调查。有7000个左右的CAI会员协会协助参与了这项调查。我们收到了2000多份反馈，大约30%的反馈率。其中，19%的反馈来自封闭式社区。调查问卷的问题是根据社区相关文献和研究第一阶段得到的信息提出的。我们的问题，包括居民选择封闭式社区的动机、社区睦邻友好问题、社区内部互动的程度、社区内居民与社区外互动的程度和封闭式社区实际带来的成效。

封闭式社区的分类

不是所有的封闭式社区都是相似的，他们有不同的功能，服务于不同的市场。1994年初，我们调查封闭式社区时发现几种非常明显的社区开发类型，服务于非常不同的住宅区市场。所有的封闭式社区都设有进出访问控制，但他们在如何营造社区氛围方面手段迥异。

我们认为城市和封闭式社区大概可以归纳为三大类：品质生活型社区（lifestyle community）、高端身份型社区（prestige community）和治安保卫型社区（security zone community）。这个分类不是基于这社区独特且永久的特征。相反，这是我们设计出来的理想化的分类。这个分类并不是严格不变的，但可以帮助我们认识封闭式社区。真正的封闭性居住区通常会展示出不同种类社区的特性。这三种类型代表了社区不同的物理特征和业主的不同动机，与市场上各类购房者群体的需求紧密相连。

很多大型居住区通常要迎合多于一种的购房者群体，开发商会根据潜在用户不同的收入水平和居住偏好来设计不同等级的封闭性区域。一些后来增设隔挡的社区是为了控制社区内的人口变化，这类社区有时候住着几代人，他们通常有不同的居住需求。这类的社区变化比较快，或者越来越好，或者衰落。为了适应市场，满足新业主的诉求，市中心和郊区的住宅小区可能会进行翻新改造。目前（美国）人们居住的住宅区普遍较新，这些住宅区在设计时考虑了目标客源的需求；但即使是针对同样目标市场的同种类社区也会有不同的特征，在其中居住的居民也有不同的动机。

品质生活型社区

在品质生活型社区中，围墙和大门为小区内的休闲活动和便利设施提供保护，使之与外界隔离。品质生活型社区在全美国都有分布，但这类社区在阳光地带最为常见。品质生活型社区有三种不同的分类：退休养老社区、高尔夫休闲社区和郊区新城。退休养老社区是为社会中层和中上层的退休员工设计开发的。这些人在刚退休的时候，需要组织、娱乐、和固定的社交生活。许多业主起初把这类社区的住宅作为第二住宅，但当他们退休后或许将永久地住在那里。因此，这类住宅区通常都有不常年居住的居民和常年居住的居民。全国连锁"休闲世界"和"阳光城"品牌社区就是这类社区的代表，他们的名字反映了退休生活的特征。

拥有高尔夫球场和网球俱乐部是高尔夫休闲社区的核心特征，在

图2-1 品质生活型社区：加利福尼亚州太阳湖社区

旧金山附近的"黑鹰乡村俱乐部"是这类社区的典型。希尔顿海德岛和南卡罗莱纳沿岸的一些社区已经被定位为休闲社区很多年了。即使在多雪的北方地区，封闭性乡村俱乐部式的居住区也越来越常见（图2-1）。

郊区新城是一种在郊区的品质生活社区。郊区新城并不是安德烈·丹尼（Andres Duany）和彼得·考尔索普（Peter Calthorpe）等新都市主义支持者提出的都市村庄（urban village）。[19]郊区新城社区开发的规模很大，它可以包含几千个住宅单元，将居住、商业、工业和零售功能整合到社区内或者临近社区的地方。郊区新城并不是新出现的，但其中的封闭性住宅区域是新出现的。位于加利福尼亚州橙郡紧邻迪士尼的欧文牧场（Irvine Ranch）是最早出现且最成功的郊区新城之一。欧文牧场包括封闭性区域和开放性区域。由于欧文牧场的成功，这种开发模式在加利福尼亚州、亚利桑那州、新墨西哥州和得克萨斯州等阳光地带得到了迅速的发展。

高端身份型社区

高端身份型社区是美国发展最为迅速的封闭式社区类型之一。高端身份型社区的大门象征着地位和区别，为特定社会阶层提供保护。他们缺少品质生活型社区的娱乐设施，除了有围墙和大门，这类社区看起来与普通的社区区别不大。这类社区大门和围栏的作用是塑造社区形象，并起到为房产投资保值和增值的作用。这类社区包括名人居住的社区、收入在全美国前五分之一的富人居住的社区和中产阶级居住的社区（图2-2）。

美国最初出现的封闭式社区就是给名人、富人居住的社区，它们保护名人和富人的隐私，这类社区已经出现几十年了，比如好莱坞社区和东北海岸线的社区。这类社区排外、隐秘、有严密的防卫，是现在全美国的封闭式社区的原型。

收入在前五分之一的富人和商界精英的专属社区传达出一种社会地位和威望。这类社区也有一部分的目的是吸引同类的邻居，同类人群和访问受控保障了社区居民的人身安全和社交安全。收入在前五分之一的富人社区是为了高级管理人员、经理和其他成功的专业人士设计的。这类社区有设计精美的警卫室、豪华的入口和高雅的环境，如人工湖及湖滨海滨等精心维护的自然景观。这类社区在大都市区域都有分布，但在达拉斯等20世纪80年代的新兴城镇更为集中。

商界精英社区是收入前五分之一的富人社区的表兄弟，他们是精简版的富人社区。尽管被开发商定义为"商界精英社区"，但这类社

图2-2 高端身份型社区

区其实针对中产阶层。这类社区在包括加利福尼亚州洛杉矶、橙郡和休斯敦、达拉斯、迈阿密、芝加哥和纽约郊区的大都会区内持续增加,成为一种突出的社区模式。

治安保卫型社区

在治安保卫型社区中,居民对于犯罪和外来者的恐惧是其增加保卫措施的最主要动机。这类社区分三个类型:市内联防社区、郊区联防社区和半封闭联防社区。在这类社区中,不是开发商,而是社区居民自发建起围墙和大门,拼命地想维持其社区的完整性。居民修建起大门和围墙,安装保卫设施以避开外界的威胁,通过明确社区边界、控制进出等方式来增强社区感，优化社区的功能。为了确保安全，任何地区、任何收入水平的社区都有可能会采取设置大门、建立围栏和封闭街道等措施。居民所担心的犯罪或交通问题可能是真实存在的，也可能是假想的；可能是近期会发生的，也可能是远期的。重点不是是否真的需要封闭社区，而是他们认为他们必须这样做。从洛杉矶到纽约，大都会区域的这类社区正在快速增加。

在城市中，无论是最富的社区还是最穷的社区，都将建立大门和围墙看作可以与周围不和谐因素隔离的安全措施。有时候威胁就在家门口，有时候威胁在几个街区以外。市内联防社区的居民想保护自己，想要安全的家园和安全的街道，想让他们的孩子不受超速汽车和犯罪分子的伤害。这些人或者不愿意，或是没有能力搬到更安全的地区，所以选择就地防范。很多社区，包括洛杉矶的富人社区和华盛顿特区的公共住房项目，都立起了围墙（图2-3）。

图2-3 治安保卫型社区

郊区联防社区是一个最近出现且有增长势头的现象。越来越多以前只在城市存在的问题现在也发生在内环郊区和小城镇。随着内环郊区的逐渐成熟和城市化，郊区居民的生活质量与过去相比严重下降。许多郊区居民担心，在真正的麻烦来临前，他们不得不把社区封闭起来。和市内联防社区一样，比起犯罪，居民们更担心交通造成的麻烦，越来越多的车辆已经使其社区的道路超负荷。

半封闭联防社区是数量增速最快的治安保卫型社区样式。半封闭联防社区并不是完全被围墙或栅栏包围的，也不是所有的出入口都设置有安全大门，而是用路障等方式关闭部分街道。我们的研究包含这一类社区，是因为它们像其他封闭式社区一样，为了确保安全，限制外部人员的进出。可能是因为费用问题，更可能是因为这类社区是在公共街区，因此做不到完全封闭。这些路障制造出一些断头路，仅仅留一至两个入口进入社区。这类障碍的效果接近完全封闭式社区，而且切实可行。在迈阿密、休斯敦和其他一些城市，很多社区采取了这种方式。某些城市积压了一大批等待批准建立路障的社区。

社会价值

品质生活、高端身份和治安保卫三种类型和九种子类别的封闭式社区，都不同程度地反映出了封闭式社区的四种社会价值（见表2-2）：社区感，邻里纽带的保护和强化；排外，与外界的隔离，避免外界的伤害；隐私，或者社区内公共设施的私有化；稳定，同质性，可预知性。这些维度与前文提到的五个社区要素息息相关。居民选择封闭式社区最主要的动机是追求社区感，社区感涵盖了社区的五要素：共同的地域、共同的价值、共享的公共领域、支持结构和共同的目标。封闭式社区的排外性把社区外人口与社区内人口分开，更好地定义了共同地域。

社会价值在居民选择封闭式社区中的重要性　　　　表2-2

价值	品质生活型社区	高端身份型社区	治安保卫型社区
社区感	一般重要	一般重要	比较重要
排外性	比较重要	比较重要	非常重要
私有化	非常重要	一般重要	一般重要
稳定性	比较重要	非常重要	比较重要

　　品质生活社区吸引了那些需要一定的隐私、私人化的服务和设施的居民，这些居民同时也在追求一种同质化的、可预知的生活环境。高端身份型社区吸引了渴望住在稳定邻里环境的居民，这些居民希望自己的邻居是与自己背景相似的人，这样他们的产权价值才能被充分保护；与外界的分离和私人化服务是高端身份型社区第二考虑的问题。治安保卫型社区内的邻里在试图保护和强化他们的社区感，但他们的首要目标是与那些他们认为威胁到居民安全和生活品质的地区和人隔离。在接下来的三章，我们将详细调查这三类社区。

第3章
无忧乐土:
品质生活型社区

品质生活型社区是封闭式社区的原型，提起封闭式社区人们首先想到的是品质生活型社区。戴尔·韦伯（Del Webb，美国地产商）开发的退休住宅，以及佛罗里达、南北卡罗来纳州、南加利福尼亚州和亚利桑那州阳光地带以高尔夫球和休闲娱乐为导向的居住区是品质生活型社区的雏形。随着国民休闲消费的日益增长，开发商为了抓住商机开始开发品质生活型社区。这类社区的目标市场是高尔夫爱好者、退休人员、空巢老人，他们追求"无忧无虑的生活"，"积极的生活方式"和会员制的高尔夫和乡村俱乐部设施。

品质生活型社区不同于其他类型封闭式社区的地方在于其对设施的重视。这种社区又分为三类。第一类是退休养老社区，这类社区通常以高尔夫场地和俱乐部会所为核心，但也包含其他种类的娱乐设施和社交活动。第二类是高尔夫休闲社区。这类社区与退休养老社区的硬件条件类似，但这类社区的目标市场是工作人群，从年轻家庭到空巢者。高尔夫休闲社区包括封闭的乡村俱乐部、高尔夫居住区和第二住宅度假区。第三类是新城。新城是大范围的开发，旨在为居民提供完整的生活体验。新城包括封闭性住宅区、学校、购物中心、商务办公室、公园和娱乐设施。

这些社区内的公共空间是私有化的和受控制的，但这些隔离措施是出于保护社交的考虑而不是出于安全的考虑。社区内的安全措施主要是为了防止不速之客，保证湖泊、高尔夫球场的私有化，而不是为了控制犯罪。事实上，这些郊区的高端社区居民通常从富裕的郊区和城市地区搬来，很少体验过市中心的动荡。这些居民对生活品质有着共同的偏好，他们通过共同的集体活动构建了休戚与共的共同体。

迎合新休闲阶级

品质生活型社区（图3-1）的出现是全美社会经济转型的一部分。为了更深刻地理解这一特定住宅类型，我们必须先了解它出现的时代背景。美国的贫富差距一直在加大。第二次世界大战后至20世纪70年代中期，美国的中产阶级不受任何阻碍地迅速增长。得益于本国制造业的繁荣和欧洲资本地位的下滑，美国成了世界经济当仁不让的霸主，其快速的经济发展在世界历史上绝无仅有，对国家的社会秩序有着深远的影响。美国国民的收入和可支配财力都在飞速上升。由于政府对房贷的慷慨补贴，超过65%的美国人已经拥有了他们自己的房产。第二次世界大战前，汽车是大笔财富的象征，但仅仅十年之后，汽车已经成了中产阶级的代表。此时美国的社会治安已得到保障，美国人可以通过努力为其退休后的生活积累财富。公职人员和其他私企工作者的真实工资都在不断提高，退休金养老福利也得到了保障。因此，中产阶级可以将他们的可支配收入花费在以前不敢想的地方。美国的工薪阶层退休后不再需要孩子奉养，他们可以选择喜欢的住所，在任何地方都可以有尊严地退休。

1973年后，美国家庭平均收入增速放缓，与高收入家庭的差距越来越大，但是生活质量的提升仍然是喜人的。在1973年到1993年的二十年间，以可比币值计算，美国的人均税后收入几乎翻了一番。[1] 尽管这些变化在现在被当作理所当然，它们的影响却是深远的。国民可支配收入的显著上升带来了一系列的改变：人们寿命更长、花费更多、生活得更健康。美国的中产阶级从某种程度上已经变成了休闲阶级，他们能参与的休闲活动比全世界的人都多。基于这种情况，地产开发商可以大规模开发复制用来度过闲暇时光的居住区，在住宅内配备车库、工作室、电视房等。旅行车、大篷车、可拖游艇的卡车等休

图3-1 品质生活型社区

闲类交通工具也应运而生。

　　国民休闲生活的快速发展很快体现到郊区的地产开发中,开发商试图利用人工湖、人工森林和人工小溪来打造一种森林中的开敞空间。休闲生活的增加也导致了人们对第二居所的需求。候鸟式居民首先出现在加利福尼亚和佛罗里达的娱乐区,年龄长一些的中西部和东部居民会选择在那里度过严冬。"滑行兔"(Ski water bunnies)是指那些冬天周末滑雪、夏天周末滑水的人。这些人中年时期用来度假的第二住所在他们退休后往往成了主要住所,为短期居住设计的房屋正逐渐被用于长期居住。

　　地产开发商很快就看到了这些变化带来的商机。随着中产阶级越来越富有，第二住宅和退休住宅以越来越快的速度遍布了南部、西南部和西部海岸。市场细分使得这些新的社区分为很多类别。一些开发商针对越来越多短暂居住或长久居住的中年退休者设计住房。另一类是为喜欢高尔夫、划船和钓鱼等活动且有一定支付能力的体育爱好者、中产阶级、白领等设计的住房。人们开始追求生活品质，而不仅仅是遮风避雨的房子。因此在居住区的开发中，开发商越来越注重能提供品质生活的元素。

富裕中产阶级持续崛起，但工薪中产阶级的数量在减少。这一转变的尺度很难估量，但正以创造新型住房和社区的形式改变着美国的城郊景致。所有的城市和郊区都在准备迎接新的退休人员和新的百万富翁，而封闭式社区的出现正是为了迎合这些新出现的阶级。

退休养老社区

从全国连锁的"休闲世界"到独立品牌的居住区，退休养老社区一直以来都是中产阶级居住区的典型。在1994年，美国有3300万的65岁以上的老人，占全美国人口的八分之一。绝大多数的老人不与子女同住。并且，美国人的平均退休年龄下降了，而寿命延长了。对于现在65岁的老人来说，他们平均还可以再生活17年。人们的收入也在增高：从1957年到1992年，居民收入增长了一倍多（以1992年的美元算），男性收入从6537美元增加到14548美元，女性收入从3409美元增加到8189美元。尽管种族、婚姻状态和工龄的差异导致了人们收入的不均等，但所有人的收入都在过去的基础上有了提高。[2]退休人员比过去活得更长更好，有能力基于自己的品位和偏好做出自主选择。他们有自己的期刊和组织，比如美国退休员工协会（American Association of Retired Persons，AARP），这些组织帮助他们推进自己的政治社会诉求。这些退休员工住在全美各地,很多人有多于一处的住所。然而,他们更喜欢气候温暖且税率低、安全性高的地方。很多退休员工选择在温暖的加利福尼亚、亚利桑那、内华达、得克萨斯和佛罗里达州居住。美国的很多州和城市都在针对退休市场打广告,因为这些退休人员给城市带来了巨大的经济繁荣。年龄限制、保安巡逻、围墙和大门等等条件创造了一个几乎可以自给自足的老年社区。

在马里兰州银泉市(Silver Spring)的"休闲世界"社区,保安人员甚至在社区公交车上执勤,确保没有不速之客蹭上社区公交车进入社区。社区的边界被围墙、大门、栅栏、壕沟、路障等包围。如"休闲世界"这类的退休社区通常都包括几千名居民,会为不同收入水平、不同生活习惯的居民设计住房,社区中通常会有一些社交俱乐部和娱乐设施。这类社区有点类似度假游轮:他们是标准化的产品,提供一切生活娱乐设施。就像一位退休社区居民所说:"我喜欢这种有条理的生活方式。社区内结构完善,管理全面。当你们到了我这个年纪,应该都会喜欢这种随心所欲的生活。"[3]

靠近佐治亚海岸的斯基达韦岛(Skidaway Island)上有一些给上层社会退休人员设计的封闭式住宅区。"登陆"(landings)社区是一个高端高尔夫社区,它通过在纽约时代杂志发广告来吸引活跃而富裕的老年居民。像其他所有的高端退休住宅区一样,购买第二住宅的买家占了很大的比例。类似于其他的高端养老社区,"登陆"社区的广告强调的是社区内的休闲活动,而不是社区的安全性。

偶有退休住宅区会把安全性作为卖点,也是转弯抹角地进行宣传。例如芝加哥郊区水晶树(Crystal Tree)退休住宅区的一则广告中说:"从你驱车抵达门卫室并获得保安人员友好接待的那一刻起,你就能体会到,这里给人的感觉就是安全可靠,舒适安宁"。[4]

无忧无虑的宜居之地：加利福尼亚州米逊丘乡村俱乐部

米逊丘乡村俱乐部（Mission Hills Country Club）是一个占地面积庞大的住宅区，毗邻郁郁葱葱的高尔夫球场，沿狭长的区内道路望去，满眼尽是生机盎然的果岭和青枝绿叶的棕榈树。它所在的兰乔米拉市（Rancho Mirage）是加利福尼亚科切拉山谷（Coachella Valley）内众多富裕小镇中的一个，距棕榈泉市（Palm Springs）只有一两英里。

这个围墙环绕的住宅区共有三个入口，每个入口都设有有人值守的警卫室。主入口道路要蜿蜒越过几条高尔夫球道，再穿过一片繁华但不惹眼的住宅区，才能到达米逊丘乡村俱乐部。这是一栋十分惹眼的灰泥粉饰建筑，门前矗立着高大的装饰门柱和比门柱更高的棕榈树。大堂的装潢如同高端品牌酒店般雅致、豪华而又看似低调。

我们在黛娜海岸厅与一些居民会面，这里有长长的木桌和可移动的扶手椅，给人一种商务会议室的感觉，而我们面对的六七十岁的白人男性居民更强化了这种感觉。他们穿着高尔夫球衫、网球衫和及膝短裤，身材健美，皮肤也是健康的小麦色，全部是现任或曾任的各个区域业委会理事会的成员。他们所在的不同住宅区域，按开发商的术语来说，叫作不同的"期"。米逊丘这个小区并未设立集中的业委会理事会，而是设立了15个理事会，各管理一片区域。尽管并未采取集中化管理，尽管小区很大，但是大多数居民都互相认识。他们是一个相处愉快、彼此体贴的群体，我们到达时，他们还在探讨健康问题和高尔夫比赛。

这些居民称，搬到米逊丘居住最主要的原因就是安全。作为退休人员，他们担心的是犯罪问题，尤其是在外出度假或到其他住所生活时。他们喜欢省心省事的生活方式，喜欢具有美感的住宅区和便利的设施，尤其是高尔夫球俱乐部。他们一致认为，娱乐设施是促使他们留在这里的一个主要原因,而另一个原因就是小区的口碑和声誉。有一位就提到:"我觉得小区的声誉很好,外出旅行时我们跟别人说起住在米逊丘乡村俱乐部,特别有面子。"

只有一位受访者说安保不是他住进米逊丘的主要原因。他说:"我完全没想到会住进这样的地方,一个有围墙有警卫的封闭式社区,这与我的社会和政治理念背道而驰。"但是现在,他却说:"我喜欢这种生活模式,我觉得这样有利于健康和长寿。"他发现,自从搬进米逊丘之后,他锻炼身体的次数更多了,因为"虽然锻炼也没那么重要,但是除此之外,没什么别的事可做"。

当被问及在这个远离市井的小区生活有什么缺点时,他们竟一反常态地说不出什么来。有个人思前想后才提到,社区规约会让人失去一些隐私和控制权,其他人表示同意。随后,话题一转,他们开始热烈地讨论起社区规约和米逊丘小区的优点来了,又一次地提及了娱乐设施和近便的优质医疗设施。

米逊丘的对外参与

无论从哪一方面来说,米逊丘的居民都仍然拥有着充沛的精力。他们曾积极地参与以前的社区和商业活动,并把这份热情和精力带到了这里。一些人对所谓米逊丘居民正退下舞台的担忧不以为然。其中一个相对年轻的居民说道"我们对外面的社区很感兴趣,"其他人都热切地点头同意。"我们都掌握着科切拉山谷地区的新闻和变化,而且也在充分利用山谷里的很多设施如饭店、娱乐场所等等。"大家一致同意他的观点。

当被问及城市政治问题时,一个人声称"我认为这里的居民比外面的任何人都更加关心和关注兰乔米拉市,关心谁是我们的代表,关心他们的做事方式,我们并没有把自己与外界隔绝开来。"另一位指出,他们与小区街对面的人们一样,拥有共同的警长,共用一个消防部门,其他的一切也完全相同。至于他们与县郡之间的关系,当然了,"你得缴税"。

一个人说,他们与县郡的关系已经超出了政治范畴。"我认为,我们比任何其他普通社区都更加积极主动。我们都已经退休了,我们有时间。而且这里的大多数居民都曾在某个领域内作出过贡献,可能各自领域不尽相同,但都是有所成就的人。而且他们仍然精力旺盛,乐于奉献。"他志愿申请担任当地的文化教师。尽管当时在座的其他人没有像他一样参与社区工作,但是他说小区内有很多人有过这样的经历。

米逊丘的对内自治

这是一个特殊的群体,他们的大部分精力都投入到了社区治理当中,他们是小区里最为积极活跃的人,长期投身于各种组织的活动之中。他们想告诉我们,这可不是一份轻松的工作。"只要你想负起这份责任,就得牺牲数百个小时的时间,用来处理各种委员会和理事会的工作。"

参与方式因人而异,各不相同。"在每个组织中都要有一到两个人花费大量的时间参加会议。要打交道的人包括居民委员,包括在每个问题上都要插上一脚的人,包括住在这里的每一个退休人员,业委会理事实在是一份吃力不讨好的工作。"在众多的业委会中,志愿者自治保持了居民的兴趣和参与度。"连续性是一个问题,因为这里的很多人都是退休人员,他们并不想耗费两年以上的时间来参加业委会会议、园区委员会会议等等这个会议、那个会议的,因为这样会干扰到他们的退休生活。"

受访的这群人急于倾诉他们作为业委会或其理事会成员所面临的

问题。大多数问题都涉及了各期业委会之间的分歧，而没有更高一级的组织予以调解。以各期入住时间和所含服务为基础的拜占庭式的物业费结构容易造成不满和竞争。"从维护基础设施开销的角度，这种物业费结构十分难以理解，而且有失公平。"早期入住的业主"选择不参与某些与基础设施相关的事务。"例如，尽管社区开发才进行到一半，新一期的业主要负担乡村俱乐部一扇大门的所有费用，仅仅是因为大门建造的时候其成本全部计入新一期的开发。

现在的主要问题是各个业委会合作不畅。园区巡逻交由一个保安公司统一来做，但是其他服务，例如从物业管理到园林绿化，都是单独提供的。"如果你想做一件关系到所有人的事，就必须获得15个业委会的一致同意。"只是解决有线电视的问题就花了两年时间。但是有的情况下，比如相邻的两期业主雇佣同一家公司修剪树木，毗邻而居的三四个业委会也会组成一个小的联盟。"各个协会都很自治，因为组成这些委员会的居民都曾是生意场上叱咤风云的成功人士，他们自认为知道如何管理自己的生活，同时也不关心别人的生活方式。"

几年前，各个业委会联合组成了一个园区委员会，这是唯一一个服务于整个住宅区的管理机构，但只是一个由各期业委会理事会代表组成的临时性机构。该委员会负责审查财务报表并与保安公司共同评估分析各类问题。园区委员会会议不定期，冬季频繁时每两个星期一次，夏季甚至可能不举办会议。

园区委员会并不是唯一一个在夏季就进入休眠状态的机构。小区住房有很多是业主的二套房，因此他们只会花有限的时间来打理，这就意味着，一到夏天很多事务甚至是服务都要暂时搁置。全年住在此的退休人员对这些"候鸟"业主的季节性参与表示不满，认为他们似乎并不在意小区环境的维护。一位居民抱怨，二套房业主们常说"夏天种什么花呀"，因为他们夏天根本不在这里。

兰乔米拉市的收入中位数是42000美元，位列全美国收入前15%，但即使是这样，有些居民还是负担不起米逊丘生活方式的高额消费。有人认为这些人是问题的所在，但在我们的调查中，至少一个业委会表示，邻里之间会彼此谅解帮助。"我们通过一项评估的时候往往会考虑可能无法轻松符合要求的这些人，并作出相应调整，这样对大家都好。这是一个需要严肃考虑的问题。"

常住业主和候鸟业主之间的分歧以及各个业委会之间的分歧并不会影响到米逊丘的社交生活。一位受访者解释说"你当然会了解你的邻居，也并不会被业委会的各种规定所束缚。我们所有人之间的关系都很亲密。"对于每一位居民来说，米逊丘就是一个小世界。"在我看来，在这里生活了几年之后，这里就变成了一个《冷暖人间》（Peyton Place）一样的小镇，不难去了解每个人的生活。"其他人听了这个比喻都笑了起来，然后他赶紧补充说"我并没有任何批评讽刺的意思。"另一个人很同意他的观点并说道，"这里就像一个镇中镇。"

也有人说，社区和睦邻关系的中心是你所选择的生活方式。"这一定与你的娱乐爱好有关。习惯打高尔夫的人常常聚在一起，而喜欢打网球的人常常聚在一起。"

当然，人们并不是为了小镇社区才搬来米逊丘，而是为修剪整齐的果岭而来，为这里的社交生活而来，为许多便利的设施而来。退休富人们列出了如下理由："门禁，高尔夫球，网球，坐在高尔夫球车里到处转转，我已经很多天没碰过自己的车了。这是一种不同的生活方式，我很享受这样。"

高尔夫和休闲娱乐社区

虽然很多退休住宅区都有高尔夫球场和娱乐设施，但是它们往往是专门为老年人设计的社会环境。另有一些城郊小区则把眼光投向了可支配收入高、有品位、享受高尔夫和其他设施的年轻人市场。还有些是度假型住宅区,主要是为越来越多能负担得起相关费用的美国人营造一个度假的寓所。

以精英们居住的封闭式小区和退休人员居住的保安巡逻小区为榜样,越来越多的度假住宅区都变成了封闭式的,这反映了一种共享领地的理念和排外的价值观。典型的就是由20世纪80年代高档房地产热潮催生的高尔夫和休闲娱乐社区。

首个封闭式高尔夫社区建于美国南部海岸的阳光地带,随后在芝加哥和其他北方城市也流行开来,并在爱荷华州和明尼苏达州得到不断的进化和扩展。小区大门是地位和威望的象征,并为乡村俱乐部式的生活方式提供了宽敞宏大、气势雄伟且装饰华丽的入口(图3-2)。

现在,居住在专属住宅区或拥有一个度假宅邸是富人们的生活常态。在1992年,大约有35%的美国中产阶级认为拥有一个度假宅邸是必不可少的,这一比例比十年前增长了10%。[5]对于开发商来说,虽然为普通美国人建设低价的住宅很困难,但度假型不动产却一直有着巨大的市场,因为中上层阶级的美国人收入丰厚,月可支配收入可达近2000到8000美元。

所以,中等富裕的人在四十岁左右就能买得起彰显地位的房产,之后每年在里面住上一段时间。有些更加专门化的高尔夫和休闲娱乐社区是度假型住宅区,是专为二套房购买者量身打造的。这些小区通常位于南部沿海阳光地带,拥有各种休闲活动设施,即使长时间无人居住仍会提供安保设施来保护业主们的财产安全。与加利福尼亚州兰乔米拉市和棕榈泉市的小区一样,南卡罗来纳州希尔顿黑德岛(Hilton Head Island)的住宅区也是这种类型。另一种类型是体育运动聚集区,例如佛罗里达州博卡拉顿的马球场小区(Polo Grounds in

图3-2 位于加利福尼亚州橙郡鸽谷（Dove Canyon）的高尔夫休闲社区的入口

Boca Raton）。这类小区拥有一流的球场，配备了很多比赛设施，还能够举办全国性比赛，居民们以此为荣。这些小区往往价格高昂，设有精心设计的建筑、警卫室和安保系统。

如果这些绿地、俱乐部和街道有着严格的准入限制，"仅限会员"就上升到了另一个维度。许多这类社区中都设有网球俱乐部、游泳场馆和其他娱乐设施，小区的很多业主也都是高尔夫球手，但也有些人只是单纯地喜欢这里开放的空间和绿油油的高尔夫球场。豪华的俱乐部会所是最吸引人的地方："仿佛回到了童年时代，希望加入一个只有特定的人才能加入的小团体，其他人一概排除在外。这就是你选择这里的主要原因，无论是这样的俱乐部还是你最喜欢的街区酒吧，理由大概都是如此。"[6]

名气和归属感是吸引人们入住乡村俱乐部小区的重要因素，这也能够解释为什么这么多的俱乐部都是封闭式的。即使是只有少数居民打高尔夫球的大型住宅区，这种俱乐部的氛围也是从进大门起，在小区每一个角落都感受得到的。黑鹰乡村俱乐部（Blackhawk Country Club）就是其中的一个典范。

俱乐部会所：加利福尼亚州圣拉蒙市黑鹰乡村俱乐部

黑鹰乡村俱乐部是一个占地4000多英亩的庞大的高尔夫球主题住宅区，掩映于迪亚波罗山（Mt. Diablo）附近的山丘之中，距离旧金山市区东部约1个小时车程。黑鹰乡村俱乐部主要是为了吸引越来越多的富有的硅谷和旧金山的风险投资家和发明家。该楼盘的开发商肯·贝林（Ken Bering）认为，这一新的高管阶层需要一种新的居住模式，既能充分利用自然资源，还能享受更多私人设施。

一个设有俱乐部会所、高尔夫球场和网球俱乐部且修葺整齐、干净卫生的高收入环境由此诞生。距离大门不远处就是黑鹰俱乐部中心，此处设有高档商场、餐厅、电影院、商业办公区和老爷车博物馆。这个住宅区的房产售价从30万美元到500万美元不等。虽然房屋的最低售价30万美元在平均收入为55000美元的小镇里并不罕见，但事实上，区内大多数房屋的售价远远大于这一数字。除主要入口配备了一名警卫人员外，还有三个售价更高的内部小区单独配备了保安警卫，而其他的几个入口则安装了无人值守的电子门。

一些房地产杂志曾经发表过与黑鹰相关的文章，乔尔·加罗（Joel Garreau）也曾在他的著作《边缘城市》（Edge City）[7]中探讨过黑鹰俱乐部。黑鹰是职业运动员、演员、IT新贵、普通中上层高管人员和专业人士的家园。外界人员和小区居民都将这里视为新贵小区。

这里的居民与继承祖业家产的其他居民相比，没有给人那么势利或者高人一等的感觉。黑鹰精心打造的形象可能是一个专属的私人乡村俱乐部，但实际上只有三分之一的居民打高尔夫球。但对那些打高尔夫球的人而言，他们宁愿上班通勤一小时，也希望住得离球场近些，十分钟即可走到。其他人购买并入住这里则是因为喜欢跟体育有关的生活方式和会所活动，因为小区的名气，以及远离城市喧嚣但却毗邻文化和娱乐胜地的地理位置。

我们在一位受访者家里遇到了很多黑鹰生活方式的典型代表。受访者和她丈夫已经在这里住了五年多，对这里了如指掌。初秋季节，一小群人穿着衬衫聚集在客厅里。房子不大，但是设备齐全，十分适合空巢老人。从家庭娱乐室向外望去，可以看见一个小型游泳池，但附近不远处的高尔夫球场却不在视野当中。每天晚饭过后，一对对的夫妇开始陆续到来，都穿着下班以后标准的休闲装。

尽管大门、围墙等封闭式的要素似乎是黑鹰住宅区的根本特征，但实际上恐惧和安保方面的担忧在这里并不是问题，也不是居民选择黑鹰的主要原因。他们之所以入住这里，更多是因为其环境：高尔夫球场、网球场、小区的外观和感觉以及它的名气。对于阿尔（Al），一个穿着考究、有着小麦色皮肤的高尔夫球手来说，这个大门"在我看来，与我所居住的环境没有任何关系。我喜欢这个住宅区的氛围和住在这里的人，这是我的个人选择。"他的妻子苏西（Susie）同意他的观点。"我认为，即使没有这个大门，我也仍然喜欢这里。大门是次要的，也许我们都认为有了大门会更好，但是我认为这并不是决定性因素，我们不会说，没有大门我们就不会入住。"

对于乔治（George）和罗拉（Laura）来说，严格的社区规约才是最大的亮点。他们在附近郊区的一个非封闭式住宅小区住了很多年。在那里，邻居疏于打理庭院，街道上车水马龙，他们为此感到很烦恼。而一个将现有的房屋改造为养老疗养院的提议让邻居们大动肝火。阻止改造的努力并未奏效，所以他们再也无法忍受了。"主要是因为你毫无控制力，无法维护环境完好如初。"

封闭性和安保系统带来的好处后来才开始显现。所有人都同意一位女士的说法"虽然最初建设住宅区时安全性并不重要，但最近几年安全性变得越来越重要。"一个承包公司的老板很明确地提出了他的观点："我是离不开有大门的小区了，我喜欢'限制进入'的方式。"他搬来这里主要就是因为这里的生活方式和严格的社区规约，但是入住之后发现安保措施"真有实际效果"。据乔治所说，有了黑鹰社区的安保措施，"在小区道路上随便看到谁，都会相信他们是好人。"罗拉说她唯一担心的就是山里的美洲狮会跑下来。"这与旧金山形成了鲜明的对比。白天走在旧金山的街上，我不会和任何人说话。"

俱乐部小区里的小社会

与我们参观的其他大型高尔夫住宅区一样，在这里，人们之间的互动交流也是围绕娱乐活动进行的：在俱乐部会所、高尔夫球场和网球场。对相当一部分人来说是这种共同爱好组成了这个社区。一位女士说"你和你的球友生活在同一个小区，这样你就有了一种社区归属感。""我们和社区中的所有人都成了朋友，那是因为我们住在黑鹰。我不知道如果住在其他地方我们还能不能遇到这么多的人，和这么多的人成为朋友。"

另一位女士也认为在黑鹰社区里邻里和睦，相处舒适，但是她的丈夫却不以为然，他说"说不好我们在这里有没有很多真正的朋友。"此时谈话陷入了一阵尴尬的沉默。然后夫妻俩赶紧解释说，他们都非常忙，而且周末通常都不在。"限制进入"可以确保住宅区内部的所有人都是受到某种认可的良民,小区里的各类休闲娱乐设施为人们与各个小圈子的邻里会面提供了条件。而且如果居住在两道大门之后还不够的话,还可以搬得再远一点。一名不愿透露工作地和职业的男子明确地表示,他不喜欢与人接触。正如他所说的"这是一个真正独立的群体,在这个环境里,你可以做自己的事,而且不必参加任何社区活动,甚至包括黑鹰社区自己的活动。"

黑鹰社区不仅仅是一个由邻居组成的群体,它也是一个有组织的小镇,拥有自己的业委会和理事会,有自己的管理规定和社区治安队伍,以及很多自有基础设施。但是黑鹰社区的严格限制、总体规划和高薪住户意味着这里没有像普通城镇那样麻烦的政治问题。人们都不太参加业委会会议,而且多数居民对于社区政治的问题都不闻不问。对于这些居民来说,这种不参与的行为恰恰说明了小区管理十分完善。承包商吉姆(Jim)主动谈到,也许像黑鹰这样富裕的封闭式社区根本就不需要有其他社区那样很强的发展引导机制。居民觉得没有必要参与进来。社区已经雇用了保安公司、物业管理公司和维保公司来处理一切事务,所以居民不必插手而且也无须担心。

如果说黑鹰社区住户内部的关系都比较疏远的话,那其与邻近的丹维尔市(Danville)和外界的关系就更加淡薄了。其中一位居民说"我觉得我完全融入了黑鹰,但是我没有融入整个丹维尔。"所有人都认为,有孩子的居民需要更多地融入,但自己却没有做到,也并没有为此感到不安。他们十分厌恶地方政客和地方政府,当一名男子提到邻镇那幢外观花哨且花费惊人的政府大楼时,很多人都随之激烈地谴责政府的自负和铺张浪费。

虽然居民们没有直接说他们不愿意就县郡的公益性税收或发债事务进行投票,但说起捍卫自己不投票的权利他们却都非常积极。一名男子说"每个人都有这个权利",他认为,无论是什么原因导致债券和税赋上涨，都不影响黑鹰社区这个私有的小领地已经为其内部的居民提供了同等的服务。"住在小区大门以内，你就多了选择的机会，而且不必为此感到内疚。"

还有一些态度相对激烈的选民，对政治问题充满了不屑，而且疲于缴纳社区福利基金。"人们已经厌倦了政府处理问题的方式，不愿意再赋权让他们自由处理事务，因为他们管理不善，而且你无法控制资金的使用方式。我感觉被剥夺了公民权。法院就这么自行决定赦免罪犯，决定对嫌疑人免于起诉，并继续以现在的方式使用资金，而且不受选民的左右，这怎么行……我曾经参与竞选活动，如果我没有任何控制权，那么我起码要能更好地控制我自己所在的环境。"

一位在联邦政府任职的女士也表达了类似的不满："我已经厌倦了付出，我已经疲惫不堪了。凡事总有一个度，总得为自己、为退休生活考虑。我以前也曾经乐于为其他人的事情而投票。"

在随后的交谈中，她的丈夫也替她辩护说，"选择了不参与那些宏大框架下的事务，不去直接面对各种不利的境况，但同时，你还是具有投票权的个体，在涉及州一级的政策、选举时候，还是要有所参与，会照常缴税，会支持'三振出局'（加利福尼亚州发起的三次重罪即判终身监禁）等政策，也可能去参与反移民的游行等等。真有必要日复一日地参与到这些繁琐的事务当中吗？如果说个人了解这些情况，通过州政府或地方政府选举投票的方式表达态度，甚或参加竞选运动等，不是也能达到同样效果吗？"

这个群体，虽然反复强调在黑鹰的生活是多么愉快惬意，如何远离大都市区的是是非非，但却还是决意要让我们相信，他们没有与世隔绝，他们没有退出。一个人说"你每天都会外出，所以你并没有将自己与外面的世界隔离开来，也并没有让整个生活围着大门里面的事情转。你无法也不会忽视外面的生活。"但是在傍晚，她描述了她在外界工作的感觉"我不喜欢去旧金山。在旧金山我觉得不自在。到旧金山之后，除了回家，我都没有离开过我所在的大楼。"她的丈夫在午餐时间会出去转转，但是他说"回到这里感觉像是一种释放和解脱。在外面常常要处理一些讨厌的事情，这里就像古老的护城河和城堡，你回到了属于你的位置，从而感受到安全。"

女房东告诉我们，黑鹰社区里有很多人就只是待在这里，基本不会外出，即使出门基本上也是去门外的商业中心。她说，如果家里有小孩子，她肯定不会搬到黑鹰社区来，因为不想在如此单调的环境中生活。但是她又说有好多人偏就喜欢这样单纯的生活。

控制管理

黑鹰社区的主要特点就是它的控制管理。大门、警卫和规则，所有这一切造就了一个不会出现意外的环境。其魅力就在于"毫不混乱，一切秩序井然"。对于这一点，大家达成了共识。"至少在一天中的某一时间段，你知道生活是在预料之中的，你可以有所期许，从而平静下来。"

对于一位受访的男士来说，他十分珍视养护工作的统一性和严格控制，以及外观的舒适性。"我觉得即使是封闭式社区，也没有要求整个社区内养护工作如此协调统一，我觉得能做这么好全是靠纪律和职业道德。它会让你觉得共处的人是有某种共同纽带的，不分种族、民族。"他的妻子的观点就显得褒贬兼有，她指出，这种严格的控制也会吸引来一些相当顽固的人。例如，邻居曾经因为他们家的狗吠声而显得充满"恶意"。

人们讲了很多因规则所带来的愉快和不便，但是所有人都承认利大于弊。

控制管理从住宅的外观延伸到了个人行为，例如只能在特定时段才能将垃圾桶放在户外；禁止露营车、商务车进入园区，禁止沿街停车；严格禁止逐户推销商品。在主入口处有时会举办为穷人募捐食物的活动，但即使是本小区的黑鹰女童子军组织（Blackhawk Girl Scouts）也必须在大门的另一侧出售商品，向等待进入的车辆兜售饼干。一位居民说，这是一个隐私问题。"每个人都有权保持自己的独立性并选择在何时与何人接触。没有人有权强制你去体验你不想体验的事情。"门里面的世界是神圣不可侵犯的。

怀旧的小镇情结

有一位居民最近去西弗吉尼亚州游览，当地小镇的社区精神给他留下了十分深刻的印象。他认为黑鹰社区与这个小镇十分相似。"虽然这里是人造的环境，但是这种环境复制了美国中部那些你曾经居住过的小城镇的情景。"这引发其他人开始热烈地讨论起小镇话题。

一个人追忆起了他在蒙特利县（Monterey County）乡下的成长经历，在那里，他们从来不锁门，镇上的人都互相认识，那里给了他一种真正的社区感。另一个人回忆起了25年前的黑鹰地区，那是在郊区建设发展到这里之前，那时候的黑鹰给人一种更强的小城镇感。而如今拥有了大门和总体规划的黑鹰似乎在用自己的方式留住那种感觉。有关方面设置了住户增长限制并限制了俱乐部的会员资格，这样住户就永远不会觉得拥挤或是被太多的陌生人所包围。

黑鹰作为小城镇的形象是居民共同价值观的一部分。他们知道发展的方向，也知道他们可以在哪方面主动地有所作为。一位居民解释说，她从来没有参加过之前所在小区的市议会会议，但是现在会经常参加业委会会议。"也许是因为这里的会议组织比较得力，而且它不是一个空泛模糊的东西，你可以参与进来。"

对于一个局外人来说，黑鹰社区更像是一个专属俱乐部，而不是小城镇，但是对于它的居民来说，黑鹰社区是他们在当今世界所能期待的最接近理想社区的形式。

封闭式新城镇：商品化社区

精心规划的大型住宅区一直在努力让人们品味到社区或小镇的风情。总体规划的住宅区正越来越多地向购房者提供"整套服务"。市场需求决定了开发商们要建设的不只是一个能遮风挡雨的住所，要推销的不只是精心布置的环境中的房产，而是一种完善的生活体验。这就是倡导高品质生活方式的新城镇。正如广告、精心的设计和完善的设施所体现的，他们所销售的不仅仅是房子，而是一个社区。

这种风格的大型建筑是现在住房市场中的主力军。位于南加利福尼亚州的美国纽荷尔土地和农业公司（Newhall Land and Farming Company）和美国尔湾发展公司（Irvine Company）最先意识到这一点并建造了"迷你城市"式的住宅区。像HFSL（Home Federal Savings and Loan）这样的大型上市公司正在投入大量资金建设包含学校、公园以及类似设施在内的设施完善型城镇。在加利福尼亚州的橙郡，各大开发商正在建造拥有4万多人口的城市。迪士尼公司也正在佛罗里达州奥兰多市附近建造自己的城市，即庆典城（Celebration）。1990年代中期，美国全国各地有数百个此类项目在施工。随着房地产的商品化，社会形式也变得商品化了。

很多此类住宅区都有大门、围墙或其他形式的管制点，这也是销售方案的卖点。一些新兴开发的城镇将封闭式住宅小区叫作"某某村"，从而为最昂贵的住宅创设独尊的地位。此类住宅区共有三种类型：第一种，"城市"村，拥有高密度的联排别墅，有时是封闭的；

第二种，"豪华"村，附近围绕着高尔夫球场或湖泊，几乎总是封闭的；第三种，"度假"村，设计用作第二住宅，拥有高端的设施，包括警卫室。[8]在加利福尼亚州和亚利桑那州，封闭式社区很常见，新城镇中很多中等价位的小区也建设成了封闭式。

加利福尼亚州红木城的红木海岸（Redwood Shores in Redwood City）是一个位于旧金山湾湿地的精心规划的公寓、联排别墅和单体别墅住宅区。宽阔且有分隔带的街道从光亮如镜的中高层写字楼经过，然后进入依河流和运河而建的住宅区。红木海岸有两个住宅小区是封闭式的。一个是湖岸别墅（Lakeshore Villas），是一个中等价位的住宅区。另一个是滨鸟岛（Shorebird Island），是豪华型住宅区，矗立在水中央，只能通过有私人警卫驻守的桥才能到达各栋别墅。

内华达州拉斯维加斯外的绿谷（Green Valley）是一个总体规划的住宅区，截至2005年，共有6万名居民在此居住。绿谷里到处都是围墙，而且在总体规划中对围墙的组成、高度和设计进行了细致的规定。社区规约禁止住户以任何方式改变墙体，包括禁止在后院的墙壁上开凿任何孔洞。一位营销代理把这作为一个亮点："这样比较安全，干净而且美观。这个小区的学校条件很好，犯罪率低。这正是购房者所期待的。"[9]

绿谷的高端住宅区都有大门和围墙。一位在这里居住了10年的居民抱怨说，除非他给"警卫室的警察"打电话通知一下，否则亲朋好友根本进不来。然而围墙和大门并不能保证绿谷的绝对安全，近年来，该社区也发生了一些强奸、抢劫和家庭谋杀案、校园毒品案，以及附近化工厂的氯气泄漏事件等。[10]

加利福尼亚州圣何塞市的银溪谷乡村俱乐部（Silver Creek Valley Country Club）是自成一体式的迷你新城镇。设计有1500个住房单元，24小时守卫的大门内配备了很多设施。小区发展成熟后，还会设立一个公立小学及一些商业配套，这些设施会为居住在封闭小区以外的人员提供单独的入口。该社区的营销策略中并未提到大门或安保设施，但是着重强调了休闲设施。只有居民才享有高尔夫球场、网球俱乐部和乡村俱乐部的会员权益。住宅区的售价从联排别墅到独栋私宅再到定制别墅，分别为30万美元、50万美元到70万美元不等，最高售价可达100万美元。其中有两个小区另设有小门，单个小区和整个住宅区周围都设置了围栏。该住宅区从一开始只有几十名住户入住的时候就设置了严密的安保系统。购房者要从门外进入小区必须先到信息亭登记，进入大门后要随身携带通行证。[11]

人间天堂：加利福尼亚州峡谷湖

峡谷湖（Canyon Lake）是南加利福尼亚州的一个新城镇，虽然它不是最新的，但却是这类社区的一个绝佳典范。开发商在这里建设了很多城市建筑，包括购物中心和商业设施。与其他新城镇一样，峡谷湖中也包含许多住宅类型，主要是通过大小、样式，尤其是收入水平进行区分。峡谷湖也是大型城郊住宅区不断增长的最早示例：镇里的居住区域被围栏和大门完全包围。

峡谷湖是一个拥有1万多名居民的封闭式社区，也是一个自治镇。它将自己标榜为"天堂一角"，但是它并不完全是人们期待的封闭式高档住宅区。尽管峡谷湖中包含很多高档元素，但是这里一直是多个收入阶层并存的住宅区（图3-3）。

这里的居民来自各行各业，有消防员、警察、教师、工程师、销售人员、退休人员、木匠、技术人员和房地产经纪人等等。

他们居住在一个十分优美的环境中，周围是一个拥有15英里滨水线的人造水库，距离南加利福尼亚州沙漠中橙郡的东部约60英里。峡

图3-3 新城镇：加利福尼亚州峡谷湖
（Scott Robinson/纽约时报图片）

谷湖是25年前由私人开发商作为安全型休闲住宅区而建造的，其目标客户是逃离洛杉矶的中等收入的城市居民。安装大门主要是为了吸引候鸟居民。事实上，在刚开始的时候，只有一部分住宅区设有围栏。随着常驻住户的增多，住户对围栏和安全性的要求也在逐渐增多，因为围栏和安保措施可以将这里与附近的低收入居民的问题社区埃尔西诺（Elsinore）和佩里斯（Perris）隔离开来。截至1990年，峡谷湖才完全建造完毕，而且这里的居民对当地政府感到越来越失望，越来越担心。居民们自认居住在一个自己当家做主的私有社区，所以十分厌恶县政府不时介入区域划分事务；另一个担忧是埃尔西诺或佩里斯会试图吞并峡谷湖。于是他们以自治来应对。

峡谷湖于1991年全部建设完毕。这座新城几乎没有征税基础，它也根本不需要。业主委员会（POA）成了事实上的政府，而且每年会收取700万美元的会费作为预算；相比之下，一般城市每年只有100万美元的税收收入。市政府主要负责政府间关系、围栏区域以外的一点产权土地，以及管理从邻近的埃尔西诺雇佣的治安警队。其他事情则是由业主委员会负责：维护街道、公园及园林绿化；设置限速并开出罚单；监督私人保安的巡视情况；执行社区规约；经营高尔夫球场和几个小型企业。正如市政执政官杰夫·比罗（Jeff Bureau）所说，在围栏以内，"业主委员会操纵着一切"。

封闭式城市的城市问题

我们前去参观访问的时候，乔恩·金（Jon Gee）是峡谷湖的时任市长。他是一个很有魅力而且气度不凡的年轻人，以一种清晰明确的方式管理着社区生活。他不是公民社会论的拥趸，却将峡谷湖视为中产阶级的保护所。《反斗小宝贝》（Leave It to Beaver）那个时代的生活方式可能是上个时代遗留下的产物，他想要保持这种生活方式。他喜欢这片土地，土地上的人们，以及人们组成的城镇，他相信，这里是自己养育两个孩子的理想场所。

但是，峡谷湖正在逐渐走向衰老，而且金市长也知道峡谷湖将面临与其他老化城郊社区一样的问题，那就是不断上升的犯罪率、青少年犯罪、老年人的需求以及对其他社会服务的日益增长的需求。近年以来，这座城市已经出现了四起谋杀案，而且入室盗窃率堪比橙郡或河滨郡的中产阶级郊区城镇。街头涂鸦问题日益严重，住宅区周围的围栏也非常容易僭越。鉴于峡谷湖规模如此之大，会有很多车辆从三个入口来回出入,很难对车辆进行彻底筛分,势必导致无法完全阻止未经授权的车辆进入峡谷湖。

业主委员会的执行董事马蒂·霍尔(Marty Hall)指出,大门对于峡谷湖的居民来说越来越重要。"大门给人们一种错误的安全感。一些居民告诉我,一旦他们进了大门,就会觉得很放松。"他对此感到担忧,因为"世界上没有100%的安全可言。"他列举了这个地区的谋杀和其他犯罪行为并承认这个拥有1万名居民的小镇面临着门外世界所同样面临的问题。"在这里我们也要应对毒品问题和其他问题。大门并没有将这里与外面的世界隔离开。"

在峡谷湖灾害协调委员会(Canyon Lake Disaster Coordinating Committee)的一次会议上,大家明确地说明了这些问题的实际情况。其中一名活跃的老年志愿协调员提交了两份防灾报告。她的第一份报告主要涉及灾害和应急物资问题。简单讨论了各类应急设备和食品的库存和成本之后,她报告了这些设备物资的被盗情况。有窃贼侵入,打开了库房的门锁,偷走了一台发电机、一些寝具和其他物品,志愿者们也正在努力寻找窃贼。据她观察,"这明显是内部人员作案。""我们要求所有的社区志愿者都睁大眼睛,留意这些设备。我们知道有些孩子也有这样的东西,而且我们已经告诉家长,如果在家里或是车库周围发现任何新的东西,一定要报告给我们。"第一份报告到此结束。

随后她打开了第二份报告,这份报告主要涉及急救和志愿者培训事宜。经过一番关于志愿者行动和志愿者培训的简单讨论后,她实事求是地向会议通报道:"我们目前无法继续进行志愿者培训了,我们培训时用于播放视频的设备本来是放在衣柜里的,但被人带出了大楼。"她指着身后的一扇门,"急救课也取消了。"

人们可能会认为这两份关于盗窃的报告会引发一些讨论,或是让人们对这个封闭式且戒备森严的社区感到些许失望。但事实却是,这两份报告并未激起任何涟漪。市政执政官扬了一下眉毛，警察队长摇了摇头，但是没有人提出任何问题，而且似乎所有人都并未对这两份报告感到惊讶。在保安人员不断巡视的大门背后，公共场所的大型设备就这样不知不觉被盗走了。

大门内的孩子们

在公交车站，一群中学生有他们自己对于城镇的好恶标准。他们吵闹、活泼，穿着牛仔裤，背着双肩包，就像郊区的所有的孩子一样。他们对陌生人没有恐惧感，也不会小心翼翼地对待他人的提问。他们充满好奇，渴望交流，并且就是这么对待我们的。他们都认为小镇的围墙算不上是一道屏障。其中一个高个女孩说："那围墙上都是洞，所有人都能钻过去。"另一个小个子男孩夸口道："我整天都要从那钻进钻出。"

"围墙没有这些富国银行（Wells Fargo）新找的条子有威胁性。"一个深色头发的女孩这么说，她指的是业主委员会新雇佣的私人巡逻保安。她接着补充说这些富国银行的警察比老平克顿（Pinkerton）公司的警察凶多了，而这毫无必要。所有孩子都跟着表示说他们不喜欢这些新警察。尽管如此，就算没有警察厉害，围墙至少还保持了一些威胁的意味。

几乎所有孩子都喜欢门禁。他们认为它的存在很有必要，能够保证小区街道的安全。"我们可不想让这里跟外面一样，"一个女孩说。"外面"指的是埃尔西诺，他们认为那里是帮派的地盘，那里的街道并不安全。当被问及围墙里是否曾有过不好的事情发生时，他们表示说"当然"，其中一个男孩主动说："这里甚至还发生过谋杀呢。"孩子们说虽然峡谷湖没有帮派，但晚上还是会有宵禁，因为"有些孩子遇到了不好的事情。"

有几个孩子觉得这里的围墙和门禁很烦人,但他们抱怨的内容却与其他城郊孩子的话相呼应:无事可做,无处可去,因为到处都是"可怕的"拉帮结派。他们希望城里能建一个商场,但他们也不确定这是否能改变什么。他们在峡谷湖很安全,至于其他的地方都被他们当作"外面",看起来令人怀疑,并且有点恐怖。

不仅是住宅区,更是社区

在金市长看来,峡谷湖是一个社区而非邻里。他解释说:"这个地方的设计非常郊区化,导致邻里感很糟糕。你只能在活动中遇到其他人,而不是隔着栅栏和邻居对话。"这是一个非常典型的低密度郊区地带,连人行道都没有。宽阔的弧形道路意味着在城市中通勤,哪怕只是去拜访近邻,开车都会比步行要容易。尽管如此,市长和市政执政官杰夫·布茨拉夫(Jeff Butzlaff)都认为这里有很好的社区精神。

杰夫·布茨拉夫表示不管人们来自怎样的社会背景,他们都会很快在交往中相互联系在一起。在这里,有超过五十个俱乐部和协会,从而让社区精神在社会团体和协会的活动中产生,而不是在邻里中诞生。他认为这背后的原因是这里的很多居民都来自于双职工家庭,他们需要开车100多英里去洛杉矶、橙郡,甚至圣地亚哥工作,只能在周末或特定的小组活动中与他人互动。尽管如此,杰夫还是强调说:"他们都是乐于参与的人。如果你需要组织一个小组,我们会有很多活跃的人来帮忙,他们通常是退休的人和志愿者。"志愿行为是这个城市的文化基础之一。志愿者乐于在高尔夫球场开发项目中帮忙,也愿意在大多数城市街道绿化工作中参与劳动。居民应当尽到公众参与的义务,这个城市的义务被大家广泛地分担了,通常人们都愿意参与其中。然而,随着住房产权的转换,那些新来的,通常也是更富裕的居民，并不会像其他人那样对公众参与有那么高的兴致。杰夫在一次开车回小区的路上跟我们坦言，一些人来这里"只是因为那道围墙"。

对于业主委员会的执行主任马蒂·霍尔来说，小区的社会团体是最重要的事情。"这里的城市建设已经足够了。"他说。他认为他主要的任务是让更多的居民认同社区精神。他和市政执政官都认为峡谷湖有着紧密而友好的社区关系，并且有很好的志愿传统。但正如其他地方一样，一些人总会参与其中，而另外一些则从不参与。

在参与周边地区的生活方面，峡谷湖人的活动范围比他们的围墙和大门限定的区域更广。他们在埃尔西诺购物、吃饭，与他们分享同一个学区，并且在当地的政治生活中十分活跃。一些峡谷湖早期的居民已经在当地的政治舞台上确立了自己的地位，并且与更大范围的社区保持良好的联系。峡谷湖居民和周边地区的居民之间的关系整体上是融洽的。冲突往往是因为在水库上使用水上摩托、垃圾问题，以及在城市边界地带播放嘈杂的音乐等等。与大门内的那些问题相似，这些问题往往都与年轻人相关。马蒂重点关注的另一个方面是为儿童和青少年提供更多的休闲活动和其他机会。

门禁不能够阻挡所有的问题，也无法解决围墙内出现的问题。虽然大部分居民相信一道有形的围墙能够保护他们，相信大门对进出的控制，但马蒂·霍尔知道，真正要做的是发展社会责任感和建构社区。这世上永远都没有足够高的围墙，也没有足够结实的大门。

追求生活品质的封闭式社区

门禁提升了社会生活环境的满意度。因为这些安全措施，人们会认为自己在这个区域里看到的所有人都属于这里。邻居们可能并不认识彼此，但他们依然会认为所有他们接触到的人都是"其中之一"。

我们访问的许多人都表示,这种有边界的邻里为他们提供了闲适的场所感。这或许是因为他们直觉地认为封闭式社区里的人,尤其是在黑鹰和其他相似的俱乐部里的那些人,和自己属于同一个社会阶层。因此,信任——这种我们都渴望的、构建良好社区的基础要素——可能会更容易在封闭式社区里找到。

在门禁的范围之内,人们也可以找到快乐和和睦。我们发现在大多数封闭式社区之中,居民普遍对社区团体和社交生活表示满意。我们的小组调查和居民访谈都认为,这里的人实现了生活方式的同质化。与此同时,我们的研究还表明,这种社区感只是暂时的,它的存在基于相似的兴趣和收入水平。这些社区居民并不会对彼此有强烈的责任感。他们分享生活空间更多基于个人目标而非社会目标。退休生活、高尔夫和休闲活动,以及新城的封闭式社区都是人造的产品,这是一个虚假的社区,而非一个在各方面都有机的社区,但它仍然满足了大多数居民的需求。

社区居民生活在空间的不同层面:街区、邻里、镇或城市、区域乃至于国家。一些喜爱封闭式社区的居民认为,他们住所的安全以及有组织的社区门禁系统会让他们有更多机会和时间参与到更大范围内的社区活动之中。另一些人则认为他们事实上会更容易忽略外面的世界。而现实总是比这些人的说法更加复杂。

一个在兰乔米拉(Rancho Mirage)的高级城市工作人员这样描述道:

我工作的社区有至少60%的居民生活在封闭式社区里,这些居民往往有一种均匀的特质,因而人们有理由相互联系,他们自己选出社区领导,从而让他们自己能够非常积极地参与其中。我管理二十多个业主委员会,我必须每天回应有议程的团体和需要开会的团体。我觉得他们比开放社区对政府有更多的要求。[12]

他觉得这种参与一部分是源于对犯罪行为的恐惧,另一部分则是源于他们想要保护自己的经济投资。尽管他们有活动和组织，但居民极少在彼此之间形成同盟。他们只关心自己的利益。

一个来自邻近城市棕榈泉的政治领袖对封闭式社区的公民意识有一点不同的看法：

> 兰乔米拉和印第安韦尔斯（Indian Wells）的积极状态，其实是因为这里的居民很富有，习惯于让别人听到自己的想法，并且他们都退休了，有很多时间。此外，封闭式社区在表达自己需求方面有更多的投入，是源于他们对所在社区的认同感。以前的邻里也有过那种类型的忠诚。但过去那种个人对居住地的归属感以及在历史中共享命运的感觉，如今已被封闭式社区所取代。我不清楚他们的归属感里是不是有一种对市场的反馈。门禁和居民的同质性加强了这种共享命运以及财产"共同利益"的感觉。[13]

关于在封闭式社区中的生活方式或居民是否会在更大范围的社区中更具有参与性，我们收集到相互矛盾的报告。但因为他们生活在门禁之中，有私人的娱乐空间、道路、公园以及安全系统，他们确实比别人对参与的需求更少。正如棕榈泉的商务主管告诉我们的那样："我发现封闭式社区会让你远离社区本身。你会失去一些和他人的联系，不论在门禁以内，还是更大的区域之中。"[14]

品质生活型社区旨在为建立社区联系提供一个理想的基础。在峡谷湖的例子里，这些联系是通过活跃居民的管理来形成的。在黑鹰，是高尔夫球场和网球俱乐部。在米逊丘，是围绕老年人共同爱好展开的活动和设施。每种类型都显现出不同的社区理念。在每一个社区，门禁都增强了归属感和安全感，甚至是独占感。它保护着社区中的生活方式，也完成了对舒适性的包装。

当然，对财产价值的共同利益以及社区生活方式的共享不应该被阻碍，但真的需要门禁吗？除此以外，还是有很多方式能够在实现公共联系的同时让社区具有一定的安全度。安全系统、围墙和大门提供了一种创造社会团体、守护家庭安全和房地产投资的手段,但它们也导致了隔绝与排外,并且在更大的社区范围之中设置了屏障。

第4章
择邻而居:
高端身份型社区

在那些封闭的高端身份型社区中,人与人之间的共同之处几乎完全建立在经济阶层和社会地位上。这种发展模式可以追溯到19世纪晚期,当时城市里最富有的市民和工业大亨试图将自己从民众中隔离开来。其中最早尝试建设高端身份型社区的就是塔克西多·帕克(Tuxedo Park),从纽约去这个社区要坐一个小时火车,且早在1885年就用大门和铁丝网把社区封闭起来。塔克西多·帕克设计了树木繁茂的湖泊美景,以及一个"绝妙的入口",一个让业主委员会能够"控制社会结构和体系架构的建筑"。居民可以在门禁之外的一个村子雇佣仆从,同时这个村子的商业也支持了社区的发展[1]。在同一时期,圣路易斯(St. Louis)和其他一些城市也为富人的豪宅设置了私人的封闭区域。

现在,不仅仅是富裕阶层,那些收入在全美前五分之一的人,甚至很多中产阶级也在自己和其他阶层之间设置了屏障,标志着自己已成为从不平等的社会阶层中新独立出来的美国精英。

社区的高端感应该基于排他性、对于富裕的向往和向上流动的愿望。与品质生活型封闭式社区一样,高端身份型社区的大门是由开发商建的,而不是居民自己。但这些社区通常只是细分后的住宅类型的集合,缺乏多样的娱乐设施和普通社区中的服务。我们按照收入水平将其分为三类:首先是那些聚居的富人和名人,那些在收入阶层最顶端的人;接着是收入排在前五分之一的人;最后是那些中产阶级。不论哪一类社区都会对美感和环境进行精心设计,其中许多都能看见令人羡慕的风景,有些是湖泊、自然保护区,有些则选址在河边或海边那些好的地段。除了最早期的发展阶段之外,高端身份型社区往往会有阔气的入口和华丽的门面。通常在门口巡逻的警卫会增强此地的排他感,居民可能会认为保安比其他服务更有价值。在高端身份型社区,形象是最重要的,门禁就是保持地位的屏障。

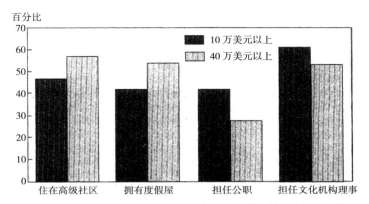

图4-1 成功的标志:美国收入超过1万美元和4万美元的家庭认为能够标识社会地位的事物

资料来源:*Town and Country*, "Wealth in America: A Study of Values and Attitudes Among the Wealthy Today." 1994.

社会地位对大多数人都很重要,不论是工人阶级、中产阶级还是富裕阶级。人们同样重视那些能够标识自己身份的象征。在收入超过10万美元的家庭里,住在一个排他的小区里是社会地位的象征,或者至少对一半的人来说是这样;在那些非常富有,且年收入超过40万美元的家庭里,生活在一个排他的小区里对近60%的人都非常重要(图4-1)[2]。

然而高端感和社会地位标志不是富裕阶层及想要更进一步的中产阶级选择封闭式社区的唯一原因。封闭式社区还给人以私密感,保护人们远离陌生人和推销员,并且让他们从对恶性事件的恐惧中解脱出来。人们对犯罪的恐惧不断提升,甚至影响到了他们的行为方式。在这样的社会中,封闭式社区的增加并不令人感到奇怪。南佛罗里达州的一位开发商告诉我们,90%的在建小区现在都有了某种形式上的门禁。

正如他所说的那样,"大家有点神经质,那些遭遇过恶性事件,或是听说过的人，都有点杞人忧天，整天担惊受怕。"³但高端身份型社区里的家庭能够让自己住在犯罪率最低的街区，或许有，也或许没有门禁。然而就算没有任何确实的犯罪威胁，门禁依然有助于人们降低对随机犯罪的无形恐惧。

一位房地产从业人员告诉我们，他的客户极关注保护自己财产的价值。他们的安全感源于与邻居相似的阶层，也源于房产价值的提升。而由于他的这些客户经常出差，门禁带来的安全感对他们很有吸引力。⁴长时间工作、双职工夫妇，以及频繁的商务和度假外出意味着他们的家园——最主要的财产和投资——有很长时间是空置的。门禁和保安给他们吃了一颗定心丸，让他们相信在他们不在的时候，有人能够保护他们的财产，哪怕事实并非如此。封闭式社区还提供了私密性，把外面的交通、推销员都挡在外面，并帮助他们在家的外面创造出一个可控的、分离的保护带。

富有的名人，以及纯粹的富人

美国最早的非军方封闭式社区是名人和巨富的家园。这些高档小区通过有形的隔离物，为它们的居民提供高端感和私密性，从而让他们与周围的环境分离，阻挡特许的人和他们的客人以外所有人的进入。这些社区包括东海岸权贵在佛罗里达的度假地，以及洛杉矶的好莱坞明星社区。其后，为富人和名人建设的新小区迅速发展。有超过1万名职业运动员年收入超过一百万美元，加上1980年代到1990年代间华尔街、高新产业、娱乐业、法律和大型企业中数以千计的百万富翁，这些新贵可以是任何模样的，但却不愿意让别人看到他们的资源。集中在纽约和洛杉矶周边的财富已经蔓延到丹佛、达拉斯、明尼阿波利斯、圣何塞、亚特兰大、迈阿密，以及全美国其他大大小小的地方。

南加利福尼亚州文图拉附近的隐山（Hidden Hills），是电影明星和名人聚居的地方，比如博·布里斯奇（Beau Bridges）、托尼·奥莱多（Tony Orlando）和鲍勃·尤班克斯（Bob Eubanks）。从1961年开始，它把自己的市政厅搬到了门禁之外，因此需要来此办事的人事实上不需要进入这个地区。镇议会的会议内容通过广播系统传送到每个家庭的闭路电视安全系统上。法院已经要求隐山按照州法律的要求兴建低收入保障房，但它一直抗拒执行，甚至拒绝建设一个非营利性的高级开发项目。抵抗低收入保障房的战斗，跟其他事情一样，吸引了不少媒体关注隐山。一些居民表示他们不明白为什么会有人提出批评。一个市长候选人说："难道因为我们生活在昂贵的住房里，又希望远离犯罪和城市的其他地区，就会给别人带来不好的感觉？"[5]

在得克萨斯州的达拉斯市，一个高级封闭式社区的大开发商为小区高端身份型社区辩护道："首要问题是人们希望有社区感，我想这才是封闭的意义，它比安全更重要。安全感只是一部分，但更主要的是：'我想在大城市里有一种小镇的感觉，我想成为社区的一份子，我可以跟这里的人交朋友，因为他们和我的背景很像。'"

这些完全由最富有和最出名的居民构成的小规模小区，对于外人来说是无法进入的，就算研究人员也一样。然而接下来的案例，可以解释高端身份型社区的上流社会的一些情况（图4-2）。

我们的街坊、我们的地盘：德克萨斯州欧文市卡顿伍德瓦利小区

卡顿伍德瓦利（Cottonwood Valley）是拉斯科利纳斯（Las Colinas）的几个封闭式社区之一，也是得克萨斯州欧文市的一个新城。欧文并不是一个富有的地区，它的平均收入31800美元，只比毗

图4-2 富人和名人的社区：加利福尼亚州印第安韦尔斯

邻的达拉斯高4500美元，比全国平均收入也只高1700美元。然而，在卡顿伍德瓦利的山顶，有一个非常富有的地区，那有一个精致的社区，24小时安保守卫着近300个家庭。这里的房子都很大，引人注目又美观，每一个都有着不同的建筑风格，总体效果却有些古怪，现代风格的西南外墙与新英格兰式的砖墙相邻。住在这里的人都太有钱了，以至于无法接受任何郊区公共道路。卡顿伍德瓦利是一些职业运动员和其他名人的家，但这里的大部分居民不是名人，他们也不反对把这些名人从邻居中剔除出去。

我们选择了一个晚上，在一个宽敞的客厅里和卡顿伍德瓦利的居民见面，他们大多数是空巢老人，有一些是双职工夫妇，当然也有些不是，工作的人大多是大公司的高级管理人员。他们自信、善于表达、精心打扮，并且很明显都很有钱。不管是男人还是女人，都戴着钻石首饰。他们组成了一个积极的小组，在场的九个人都是或曾经是业主委员会的成员。

大部分人选择卡顿伍德瓦利并非因为这里是一个封闭式社区，而是因为这里的位置离拉斯科利纳斯的机场很近，以及这里特别的建筑，或者是有严格的社区规约保障不动产价值。其他人则是因为这里有名人做邻居，或是这里是一个私密的富贵社区。尽管如此，所有人都对门禁持肯定态度。

屋子里一半的夫妇都在达拉斯或其他地区住过封闭式社区。贝丝和吉姆是一对年轻的律师夫妻，他们在拉斯科利纳斯的一个封闭式社区居住过。"我们从那搬走，然后住在奥斯汀的一个开放社区里。但我们习惯了没有外人经过家门口的生活，所以我们后来觉得：'我们想搬回封闭式社区里。'私密性和安全感对我们来说非常重要。"

另一些人说他们想要的不是门禁和封闭，而是安全。大部分居民都是事业成功的企业高管，他们因为工作调动到达拉斯，并且发现邻居都是相似的人。一个在大型企业工作的女士琳达解释说："在波士顿，你在社区里是个新人，他们都很友好，但他们都在那住了超过150年，想要觉得舒服真的很难。而这里很不一样，我们在拉斯科利纳斯的第一年，可能就遇到了比在新英格兰时更多的新英格兰人。"

对于那些从没有在封闭式社区中居住过的人来说，当他们在达拉斯第一次准备购置房屋时，并不会对门禁有很深的印象。其中一个人说："它不会影响什么，也不意味着什么，我不觉得它看起来让人有安全感。"说话的人是比尔，他一直在小组中很活跃，"现在全国那么多地方都有可爱的房子，以及公寓、高尔夫球场。它们不一定有门禁，但却无疑是真正的社区。我们都在那样的地方住过。所以就算把门禁建起来，然后告诉我们说：'好吧，现在你要多交一点物业费。'好像也没有什么。"

在卡顿伍德瓦利生活也改变了一些人对门禁的态度。在富裕的北达拉斯地区发生的一系列谋杀案，让他们愈发感觉到自己生活在"某种意义上的世外桃源"。拉斯科利纳斯的犯罪率很低，年轻人的恶作剧和小破坏几乎是这里唯一与犯罪有关的事情，而暴力犯罪则闻所未闻。尽管如此，他们的安全意识还是有所提高。

对"墙外群众"的态度

然而他们否认自己的"桃花源"是孤立于周边地区之外的。很多人都参与了欧文市的志愿服务和公民活动，包括了从交响乐团到医院的各个领域。与此同时，好几个人说他们的邻居想要从欧文市脱离出来，这里没有拉斯科利纳斯富裕，还有相当多的少数族裔。尤其令拉斯科利纳斯的居民感到不安的是这里学校的坏名声，学校的标准考试成绩很糟糕，并且缺少双语教师。

每个人都熟悉当地的学校问题、债务评级以及税务问题，即使他们家里没有孩子。他们说自己必须对此感兴趣，因为其住房价值受到欧文市状态的影响，并且他们还需要城市的消防、公安、图书馆和其他服务。除此以外，他们还告诉我们，在过去的市议会选举中，卡顿伍德瓦利的投票率很低，他们觉得拉斯科利纳斯的居民对投票的兴趣跟其他地方没什么区别。

卡顿伍德人对指控他们排外或隔离的话题很敏感。比尔说："我听过他们用'墙外的群众'这个词，意思是封闭式社区之外的人。我们这有个律师整天都用这个词，我问他是否可以不说，因为它加剧了人与人之间的裂痕。"吉姆说："我不希望自己听上去真的想要待在围墙里面并且与周边隔离开来，因为你真的做不到。一方面你想要私密性和安全感,但你也知道你是更大世界的一部分。如果你要去商店,你肯定不想营业员因为那里的学校太糟糕,连找零都不会。我们不能只是住在这,无视外面的世界。"

内部的社区

开发项目内的社区建设是另一个问题。妻子们发起并维持社交关系。在彼此有共同点的情况下,结交朋友和建构社区会变得更容易。业主委员会发起烧烤聚会和圣诞派对,并为新人提供咖啡。不同的街道有时候会开街区派对。尽管如此,他们都是忙碌的人,而由于工作调动导致的频繁的房屋易主,使得邻里之间的关系很难开始和维护。

但社区感并不是这些人真正渴望从他们的邻居那得到的。对于这些居民而言,在所有的活动、关注和他们对城市和国家未来的担忧之外,卡顿伍德瓦利是一片乐土。它提供了两个最关键的要素:安全感和私密性。如果邻里之间的关系还是和睦的话就更好了,但对个人生活的保护以及财产的安全才是他们的首要顾虑。

"早在1984年,"年轻的律师吉姆说,"我就注意到了封闭式社区是未来的发展方向。我那会儿说过:'如果我有钱,我就会投资这种类型的社区。'我讨厌这么说,但周边的犯罪率真的很糟糕,这才是主要原因。"如果是安全性让他们进入封闭式社区的一个原因,那么隐私则是另一个:"我们不能阻止电话在早上六点钟响起,但我们可以避免销售员敲门推销,这是封闭式社区的一大优势。"

金字塔尖上的社区

在南加利福尼亚州和佛罗里达州,为富裕阶层设计的封闭式社区

图4-3 金字塔尖上的社区,位于加利福尼亚州拉古纳尼格(Laguna Niguel)

无处不在。在其他地方,它们也越来越受人们的欢迎。这些聚在一起的昂贵房屋,有时候是定制建造的,用围墙与周边地区隔离开来,并且以私密性和高档感来向人推销。比起不那么富裕的阶层来说,这些小区往往会更小一些,有些时候只有十几栋房子,但也有一些有着几百个单元。保安往往承担着接待客人的工作,他们向住户通知客人的到来,允许管家和园丁进入,并且帮忙接收物品。营销和广告很少特别提及门禁系统,而类似"私密性"、"独享"这样的词却会被反复提及(图4-3)。

在富裕的太平洋帕利塞兹(Pacific Palisades),洛杉矶北部海滨的树木茂盛的山坡上,经常见到封闭式社区。一个新项目的居民说:"我们知道这里会建'警卫室',这是一个吸引人的因素,它的存在令人兴奋,不仅仅因为它带来的安全性,更因为它使得小区显得更高端了。"[6]

靠近佛罗里达州圣彼得堡的赫南多郡(Hernando County),在1980年代中期经历了一次豪宅建设的热潮。医生、律师和企业高管搬进了这些豪华的封闭式社区。在威基沃奇泉的水边,一个代理人说:"有门禁的出入口,全时段安保以及私人小区街道都是和居民为他们住宅所付的价码相应的。"根据这个地区的一位封闭式社区建筑专家所说,购买者希望房子"能够明确地展现他们自己以及他们的生活方式。"[7]

在巴尔的摩市郊,门禁正变得越来越普遍。格雷罗克(Grey Rock)是一处新开发的联排别墅和公寓项目,有一道由石头和铁构成的围墙。其中的200个房屋售价在13400美元到26000美元之间。一个格雷罗克的销售经理说,这些门禁说明"我们在另一个层级上,是一个更高档的社区。所有高端身份型社区都有门禁,这让它看起来高档。"[8]

这些小区中最新的那些建在主城区之外,那里曾经是小镇的远郊区边缘,比如新墨西哥州的圣达菲(Santa Fe),它远离大都市地区的犯罪和拥堵。在通信技术和其他新技术不断发展的情况下,这些新小区更多采用"柔性管理",小型团体已经取代其他类型成为基本规则。所以这些地方必须为里面的新晋商界精英提供在美学和视觉上都看起来很高档的商店、参观、文化设施和户外休闲。简而言之,根据查尔斯·莱塞(Charles Lesser)说的那样,一个小镇的氛围。[9]

无论在乡村、远郊或近郊,金字塔尖上的高档小区都是为数量逐步增加的资深专业和管理人员服务的,他们有很好的薪水、手机,以及社会地位认知。在佛罗里达州南部的一个新城,我们找到一些住在封闭式社区里的居民,他们的话印证了这一趋势。

"天堂、迪士尼乐园、乌托邦":佛罗里达州韦斯顿

韦斯顿(Weston)是劳德代尔堡(Ft. Lauderdale)远郊的一个新城,建在大沼泽地(Everglades)的边上,正如这个国家所有的新城那样,它的道路宽阔,入口处设有纪念碑,还配着郁郁葱葱的绿化。镇上的很多社区(但不是所有)都是封闭的。我们和其中三个封闭社区的居民聊天,他们都非常富有。我们在其中一个社区的游泳池别墅里跟他们见面,他们的模样正是中产阶级的典型:白人,四十多岁或者年纪更大些,穿着质地上佳的网球衫、高尔夫球衫以及卡其裤。像大多数成功人士那样,他们习惯表达自己的观点,也习惯被人倾听。他们有想法,善言谈,除非是持有共同的观点,否则他们会经常彼此打断,或者隔着别人说话。

所有我们采访的居民都生活在有保安的封闭式社区里。在韦斯顿,只有那些不那么好的社区才会没有电子控制门禁。尽管他们住的地方看起来很安全,但对于封闭式社区能够在多大程度上保护他们免于被侵犯,居民们还是持有现实的看法。"其中一个困扰我的问题是,大家经常都把站在门口的人当作保安,当作警卫。"年长的哈利(Harry)说道,"但他不是警卫,我们的保安没有武器,他只负责站在那看有没有外面的车进来。"

然而保安可以监视大街上的可疑事件,他们可以对那些未经允许就到来的人关上大门。其中一个居民约翰说:"对于某些想要进入社区的人来说,这是一种威慑。你确实会觉得它挺好的,毕竟这年头犯罪事件太多了,它就是让你对自己住的地方感觉好一点,觉得安全一点。"在这个地区之外,布劳沃德郡(Broward Country)的郊外,犯罪似乎是一件遥远的事情,这里的暴力犯罪率只有大都市区的三分之一,入室盗窃也只有其他地方的一半。尽管如此,每一个人都有可能

成为犯罪事件的受害者,约翰表示说,仅仅两周之中,他所在的社区就发生了21起抢劫。

就算有门禁、保安和围墙,还是不能保证真正的安全。这些封闭式社区的居民会对安全提出更高的要求,不断担心还会有什么漏洞。一个社区雇了一个前中央情报局(CIA)安全专家来加强他们的防御系统。由于这个社区与一个高尔夫球场相邻,安全专家表示增加定期巡逻对提升安全没有什么帮助,并推荐他们尝试"忍者巡逻"的方式,同时用加装高功率灯泡的高尔夫球车来巡逻。

这些居民说了更多关于犯罪的故事,并尝试找到解决方案。但他们想让我们明白,他们不觉得自己对安全的顾虑很罕见。"这才是城市治理,说起城市治理你每天都会遇到这些问题,不管是让警察还是业主委员会雇的安全公司来处理,抵御犯罪这件事都把每个人联系到一起。就算有门禁和保安巡逻,居民对他们的住处最喜欢的地方也并不是安全系统。他们中的大多数只是喜欢韦斯顿,这里美丽、安宁、有规划,并且是个新城。所有的居民都称赞这里的景观、设计,以及新城清新质朴的品质。"参与访谈的一个年轻男人说,"人们会出钱买营销理念,不管它是叫作天堂、迪士尼还是乌托邦。"这里的确会让人想到迪士尼公园:完美的设计和维护,每一个视角和体验都被精心策划和控制,同时还有私人保安来处理那些越线的人。一半的人都想看到穿着迪士尼公园服装的人清扫每一块掉在地上的口香糖和每一片飘落的叶子。

但韦斯顿是一个生活的地方,不是主题公园。一些开发项目非常积极地在这些新生邻里中建社区,并在社区中举办游泳池派对,万圣节派对,国庆派对。但还没有人敢说他们成功地建起了社区。事实上,一些小区甚至都没有打算开展社交活动。一位过去曾在业主委员会管理工作中很活跃的女士解释了为什么封闭社区里的居民大多对社区活动没有兴趣:"我遇到的大多数在佛罗里达生活过的人都有外面的朋友和社交圈。我们也会跟近邻交朋友。"有趣的是,在发生过入室偷盗的那些社区,邻里之间会为了安全开始帮忙相互照看,社会联系也由此开始发展起来。

在每一个小区的业主委员会,居民都表示参与的仅限于少数活跃和热忱的人,大多数居民都无意去参与社区运行,很难让居民来开会。与此同时,韦斯顿决定将自身改组成一个独立的直辖市,我们采访的人里很多都对此表示支持。他们的理由有两点:首先,韦斯顿是一个特殊税收区,这是为了支付新城的基础设施,而居民相信改组城市会让他们在税收方面有更多的话语权。"这些钱是韦斯顿出的,我们应该控制它怎么花。"其次,在2001年,开发商阿尔维达(Arvida)将会完成建设并离开新城,一些人担心如果没有一个大型团体为韦斯顿的利益发声,他们将会在国家和州政府层面失去权力。

在韦斯顿,自治有其自身的问题。新的居民往往会拒绝遵守或完全无视本地的社区规约,这导致了一些看上去微不足道的问题:停车、游泳池水温、篮球架等等。有一个小区的重大争论点是关于在公共区域种植花朵需要花费五美元。这个问题如此敏感,以至于人们都开始叫喊。他们关注的焦点一如既往——税。因为这也关乎财产的价值,而业主委员会究竟应该付出多少努力来保护它们不至于贬值是一个问题。大多数人同意其中一个住在小型定制住宅区的男士的观点:"为了自己的房子将来能卖上好价钱而想方设法推高别人的房产价值,倒也算是无可厚非吧。"

封闭式社区不好的一面

罗伊·艾布拉姆斯(Roy Abrams)是好莱坞电影里那种典型的年

轻、成功、充满野心的律师，样貌英俊，并且坚持自己的信念。但罗伊是一个真实的人，他充满活力，为人真诚又有魅力。他将我们迎进他的办公室，并让我们有一种轻松自在的感觉。他的办公室看起来就是一个律师该有的模样，除了两件事以外：他的桌子乱七八糟，他的墙上挂满了信件、会议纪念品，以及他在民主党工作中跟他人握手的照片。

罗伊三十岁出头，住在韦斯顿，他的妻子也是一名律师，他们一起发起了一项法律实践活动。他们与封闭和开放式小区的业主委员会，以及开发商、建筑商、开发银行一起工作。在来佛罗里达以前，他从没有见过封闭式社区。他想在自己住的郊区带保安封闭式社区韦斯顿山乡村俱乐部（Weston Hills Country Club）里，讨论安保和房产保值问题。

他知道一些人觉得住在封闭式社区里有精英主义之嫌，但他觉得这种指控是对他的侮辱。"难道你应该为自己努力工作、白手起家并把事情做得很好感到难为情？这是精英主义吗？我是否应该为此有负罪感？我不会。当我回到家，我会把一部分外面的世界留在家之外的地方。我不知道这里面有什么不对。当你回到家，把它当成一个自己的空间，这是受宪法保护的权利。我当然可以邀请我想邀请的人到我的家里来，或者来我所在的邻里，或者我的街道，这是一个私人的事情。"

虽然他在封闭式社区里活得很开心，他也确实看到了一些不好的地方。在某些方面，居民想保护的，最隐私的东西受到了侵犯。"我看到这里装了一些非常先进的系统，它们几乎是对隐私的侵犯。每一次你碰那些按键或用你的卡，电脑都会记录你的密码，他们知道你什么时候来什么时候走。就个人而言，我没什么好隐瞒的，但我不觉得别人有必要知道我什么时候在家，我也不希望我的邻居有这些信息，包括业主委员会。我个人会觉得这是一种冒犯。"

更何况封闭并不能保证安全。韦斯顿已经发生了好几起非法闯入事件,罪犯都是一个厉害的小偷,他只不过骑了一辆自行车就绕过了门禁和保安。他是个白人,穿的很好,假装只是为了找另一名居民而路过。在罗伊所在的小区,一个小偷在晚上通过运河和佛罗里达南部的水道,坐着小船进入这个地区。

"门禁是个荒谬的东西。"罗伊说,"你永远都可以从一些其他的地方进入这个社区,通过高尔夫球场,或者坐一条小船。完全不需要一个天才就能完成这件事。除了有保安的大门以外,这些社区并没有被很好地保卫起来。有些社区的巡逻保安就是个笑话,你每45分钟才看见他们一次。任何人只要做足功课,都可以进入这些封闭小区。我觉得这些门禁反而会带来危险,因为它们给人们带来一种安全的错觉。我总是提醒人们要认识到门禁其实不像它们看起来那样可靠,他们总觉得门禁能把外面的世界隔在门外。"

正如罗伊所说,门禁不会自动保证真正的私密和安全。"我的妻子和我刚刚去了韦斯顿山乡村俱乐部的圣诞节派对,我们认识到除了我们知道的那些人以外,在这个场合里的不是那种你想凑上去跟人说你好的有凝聚力的群体。我没有这么做,别人当然也没有这么做,我们没兴趣这么做。有趣的是,大家都坐在自己的邻居旁边。没有人刻意这么安排,但人们自己就把自己按照住处分开了。所以我们的街道坐了两桌,而我们没这么安排。这真的很有意思。"

商务精英地带:加利福尼亚州圣克利门特马布尔黑德

当你进入马布尔黑德(Marblehead)的封闭式社区时,你就进入了美国管理层夫妇的梦想之地。他们想要好的学校、好的房子、孩子们在街上玩，以及友好的邻居。马布尔黑德就是这种适于生活的好地方。它没有棕榈泉的度假屋那种独特的矫饰感。这里的房屋虽然大，但地块划分却很小。这里是吸引上层中产阶级家庭的郊区住房，除了门禁和保安以外，跟其他地方的小区一样。

梅尔（Mel）家在山顶，能看到太平洋的壮丽景观，以及圣克利门特（San Clemente）一度沉睡的小镇。我们在梅尔家见到了业主委员会的主席，他是一个声音洪亮的大个子，性格友善。他友好地解释说，他为委员会跑前跑后，是想参与到这个团体里，并且想让别人听到他的想法。

聚在梅尔家后院的人比较多样，包括埃德（Ed），洛杉矶警官，以及"上尉"（Captain），一位退休的市政官员和政府顾问，吉姆是此地的一个长期居民，他在棕榈泉也有一幢房子，还有梅尔的新妻子，芭芭拉，以及一位圣克利门蒂的退休教师安娜。他们彼此都很熟悉，因为他们都在这个小区的业主委员会中很活跃。

他们说跟其他城郊小区相比，马布尔黑德并不会更友好，也不会更有社区感，甚至算不上更安全。"这里就跟其他地方一样。"大部分居民来到这里都纯属偶然，他们偶然来到这里，为了海景买了这里的房子。梅尔曾经住在一个有保安和巡逻的封闭式社区里，他一点都不喜欢那。他为了海景购买了马布尔黑德的房子，却没有注意到这里计划要修建门禁系统。他承认："我也是'逃离洛杉矶'的一员，我讨厌洛杉矶，我再也不会在那住了。"他的妻子小心翼翼地说了几句洛杉矶的好话，但被梅尔瞪回去了。

警官埃德在追坏人的时候发现了马布尔黑德，他一直想要离开他生活多年的那个小区，因为出现了帮派活动和情况恶化的迹象，让他感觉有些不舒服。他想要搬走，然后他发现了马布尔黑德。埃德并不是因为门禁才觉得这里安全，而是因为这里和其他不断出现问题的地方保持了一定的距离。"门禁并不意味着任何事情，"他说，"如果周遭的社区有了问题，那么封闭社区里面也会有问题。"没有人对他的观点表示异议。没有人觉得门禁是小区的重要标志。他们承认，门禁增加了一些身份地位的象征意义，但真正的意义不大。海景远比门禁要重要。

彰显身份地位的门禁

这组居民在马布尔黑德地区不强调门禁安全性的居民中并不是独有的。门卫会让人放松警惕，只是在监测和缓解交通，没人愿意为提升安全等级而付钱。就像非封闭社区一样，社区内也存在盗窃和轻微的恶意破坏行为，"我们生活在一个交通管制的社区，而不是一个安全的社区，"吉姆说。

门禁在一个地区的作用在于可以吸引年轻的商界精英，据上尉说，但优势并不明显。同时门禁减少了社区内轻微的犯罪，约束了小贩的活动。

在大多数郊区，无聊的青少年是犯罪的主要来源。但在马布尔黑德，不是所有的问题都是内部的。在圣克莱门特有帮派可以进入马布尔黑德。埃德（Ed）说，"我曾看到帮派成员和住在那里的孩子一起来，我敢打赌他们的父母不知道他们是帮派成员。"在大门外一个新的正在开发的公园使问题复杂化。年轻人甚至将公园的栅栏推倒并在里面聚集。

埃德（Ed）说，孩子们认为，有了大门，"邪恶是无法逾越的"，门可以作为他们来去之间的阻隔，将他们与在马布尔黑德的朋友和附近的居民隔开。学校、运动和所有的朋友都在栅栏的另外一边。门是他们与世界其他部分之间的屏障。

早先的报告显示,他们在大门之外与外界的联系更多。许多高管在两三个小时车程之外的圣地亚哥或洛杉矶市中心工作。他们的朋友圈和社交圈不会被马布尔黑德的边界所约束。只有极少数人能有和他们的邻居沟通的时间,很少有人知道彼此的存在。

马布尔黑德这种缺少恋地情节的部分原因在于在开发过程中社区中心或社区聚集地的缺少。吉姆曾经试图从开发商那里拿到一些土地来建造一个社区中心,但被开发商拒绝了。因为得不到邻居的支持和热情,这个想法最终被放弃了。

只有梅尔(Mel)等少数人加入了马布尔黑德的业主委员会。他认为业委会是他个人生活中一个重要的组成元素,但他知道对他的邻居们来说它的意义很小,只有当他们需要投诉时,才会感觉到业委会存在的必要。这个社区的住户大多是"夜间居民","他们天没亮就出门,天黑了才回家",埃德说。因此,组织的力量相当微弱,在马布尔黑德只是一个微弱的存在。不管是关于树的高度和其他细枝末节的纷争,还是最热门的由于缺乏停车标志造成超速问题和安全问题,都不能引起人们太多的兴趣和参与。

平安街区

我们坐在梅尔的皮卡车上在小区里转,马布尔黑德一群在人行道和自行车道上玩耍的年轻的母亲和她们的孩子引起了我们的关注和愤怒,"慢点,"他们异口同声地喊道。梅尔丝毫没有停下来的意思,对此没有做出任何回应。

当我们回到同一条街上,梅尔从他的卡车上下来,和年轻妇女交谈,问她们是否愿意供职在安全委员会。其中一位妇女兴致勃勃地说到,她曾经参加过一次业主会议,但发现"那并没什么用",其他妇女并没有成为任何新的组织的志愿者的热情。

他们都说已经由于学校和其他事情而太忙了。他们这么说并不带有负罪感，但梅尔也不打算强迫，他只是说，"如果你们想让交通慢下来，你就得参与"。

看起来马布尔黑德的街道如果没有门禁的话是不安全的。因为房子的院子太小，孩子们不得不在街上玩耍，但宽阔的街道是为快速行车建设的，而不是孩子们。安娜（Anna）预测道，"有一天，有人会在街上丧命"。

尽管如此，马布尔黑德街道的危险和城市街道还是有很大区别，在那些街道妈妈们会更担心。城市街道还不及这里的街道，门禁和郊区的分区帮助减少了车流。但是由于附近帮派的存在，犯罪在围栏的破洞中找到了途径。在不久之前墙内墙外存在同样的问题。在帮派中有的人说道，"你能跑掉，但你并不能躲起来"，梅尔只是笑笑。

商务人士社区

现在，所有的中产阶级只要愿意都能住进封闭式社区。商务人士社区被开发商贴上"高管"或"专业人士"住区的标签，虽然居民只是标准的中产阶级。这类社区一般在门禁或围墙之外不提供任何设施，或许只是一个游泳池或网球场。这里居住着年轻夫妇、中层管理人员、公务员和主流中产阶级的其他成员，一些享有特殊生活的人群被安排和没有排他性收入的人群一起居住。很多社区都有电子门禁，其他的社区在正门有警卫室。然而有些时候，业主委员会由于费用高昂从不聘请保安。在这种情况下，门卫室对外人起到的是纯粹的心理震慑作用。个人家庭安防系统是很常见的，更复杂的还包括可以让居民看到在大门处的来访者的视频监视器，或通过摄像机来观察邻居们

图4-4 一个独立门禁社区：加利福尼亚州棕榈沙漠市蒙特西托（Montecito）的进进出出（图4-4）。

在圣路易斯（St. Louis）的一个郊区，一片大学的区域正是按这种细分市场来建造的。这个高密度住宅区有100户联排别墅和177户家庭住宅，在1989年卖出了17万和23.5万美金的单价。大学片区有一小片绿地和一个小孩的游乐场。与这些开发商为吸引年轻家庭提供的简陋设施形成对比，小区的各个主入口都设有大门和庞大的纪念碑。[10]

玛格达莱妮专区（Magdalene Reserve）是佛罗里达州坦帕市（Tampa）附近一个39个单元的小地方，因其设计而获得奖项。方案保留了大量现有的树木，并在自然条件下留出了公共活动区域。这个片区的住房在1991年售价在15万到25万美元之间。树林繁茂是吸引居民的一方面，同样大门也是："大门在晚上会关闭，四处游逛

第4章 择邻而居：高端身份型社区

起来很随意，人们走出家门，去看看他们的邻居在做什么，这真的很友好。"[11]

商务人士社区的开发在南加利福尼亚州也非常普遍，其中一个是在1993年，在圣地亚哥（San Diego）东边60英里外的一个山谷里建造的，计划在755英亩的土地上建造84户住家，从之前的郊区发展模式实现跨越式发展。驿马（Stagecoach）温泉的开发商计划将不到2000平方英尺的房子卖到14万到17万美元的价格。驿马温泉门禁系统完备，被设计成一个"非常安全的社区"，对于中等家庭来说，是个经济实惠的选择。[12]

工人们可以不必一辈子在一家公司上班。经济体制的改革意味着双收入家庭的出现，人们会有多雇主和职位，甚至多重职业生涯。就业市场的新的经济形势反应在住房需求上。一个住家必须同时满足家庭和商务的功能。它必须同时满足在大都市范围内两个到较远地方上班的人的通勤需求。它必须是适应市场的：容易被卖掉和不易贬值。它必须为居住者的财产安全提供保障，尤其是主人一整天不在的时候。我们参观了两个这种中等收入的理想居住模式的案例，一个在佛罗里达州，一个在南加利福尼亚州。

家庭的理想选择：佛罗里达州种植园区蓝花楹尖小区

蓝花楹尖（Jacaranda Pointe）建于20世纪90年代初，是一个在劳德代尔堡（Ft.Lauderdale）郊区有136个单元的门禁住区，居住着一些年轻的家庭和单身者。和其他中等收入开发模式相类似，那里的住家是温馨的，唯一的不同是，它们在保安和铁栅栏的保护范围内。小的粉刷的房子看起来像车库，但车都停在车道上。院落很小，公共活动空间也基本没有。和我们谈话的居民友好，开放，并对有关他们的发展的讨论相当热情。有一个做销售工作的男人和几对夫妇、一个警察丈夫和一个教师妻子、一个电话营销的企业家和他的家庭主妇妻子，以及两个在迈阿密市中心工作的公务员。我们的主办方提供小食和汽水，这组人穿着牛仔服刚刚结束一天的工作，看起来略显疲倦。有些人有孩子，他们偶尔会一起在屋后玩耍。

蓝花楹尖的居民认为他们的邻里是一个比大多数地方都安全的地方，一个他们的孩子能安全地在外面玩耍、远离交通危险的地方。它应该是安全的，蓝花楹尖的犯罪率是劳德代尔堡大都市区的三分之二或一半，是劳德代尔堡的四分之一还不到。

除去郊区的宁静，居民们谈论的有关他们发展的正面的事情都和门禁系统带来的好处有关。居民觉得门禁系统能让蓝花楹尖变得更加安静，同时可以震慑犯罪，"我晚上可以独自出行。""你不会相信它有多么安静，它很美。""我们再也不会有犯罪发生了。"即便这样，他们也很少赞美他们的社区，并展示了比我们采访的其他群体更多的冲突和矛盾，尽管他们所提到的问题和其他地区的没什么不同。

门禁本身的问题已经引起了太多无奈。这是一个相对低成本的键盘系统，尽管有一间警卫室，但并不需要雇佣保安。门很容易被开车经过的人破坏。当地的孩子切断电源并把听筒摘掉，十几岁的破坏者用BB枪打门卫室的窗户。不过，居民们仍乐意它存在。尤其是其对交通的影响对居民们尤为重要。"它可能无法阻止真正的犯罪，但它会帮助小年轻们减速。"对这些年轻的家庭来说，这是最大的好处，因为"孩子们处在危险之中"。

自治

就像我们参观的其他大多数郊区发展模式，关于规章制度的话题会瞬间产生热议。社区规约被一些人认为是过度限制，任意妄为或侵入式的。随着对规则和主要事物的解释和执行，对自治充满抱怨和分裂并不奇怪。一个人吐槽道，"三四个月后我要搬走了，因为我忍受不了争论。什么事情都没落实。"

不仅仅是他。因为缺少参与，所有委员会都已经解散。通常只有一个人在工作。有人试图改变规则，比如禁止摆放秋千和篮球架子，但一直不知道如何推进，想法也就被搁置了。当居民将参与程度描述为"不感兴趣"时，基本上是没人反对的。

寻找社区

这组受访者中最不开心的是一位来自长岛（Long Island）的女士，她期望这个小型的门禁社区是一个友好的地方，邻居们会比较容易见到彼此。"但我发现，人们并不友好。他们只在自己家里待着，我们有不同的期待。社区里有一个水池，你会认为在这样一个小地方人们会聚集在一起，但我并没有发现。这是一个年轻的社区，但已经存在很多挑剔和争论。"

和睦的社区邻里关系往往存在于那些尽端路上的住户之间，以及孩子们一起玩耍的住户之间。虽然很少组织聚会和社交活动，但参加的人们早已通过在水池边玩耍的孩子了解了彼此。

这位心怀不满的女士想搬去犹他州山上的一个小镇。一个公务员也想搬家，但并不认为他负担得起。其余的住户都愿意留下来。他们抱怨景观的维护服务不够好，一些邻里中的青少年令人反感，新房屋的质量堪忧，居民的冷漠，和运转居民协会的困难，但他们觉得在别处也会遇到相同的问题。讲究实际的人们耸耸肩，说它只是一个新的分区，并且"没什么是完美的。"然而，他们都承认他们想象得要比现实更完美一些。

安全海岸：加利福尼亚纽波特海滩游艇避风港

　　游艇避风港（Yacht Haven）是在洛杉矶橙郡郊区的一个老旧的门禁社区。虽然它不是海岸本身，但它有航海主题的街道，像游艇绕线机（Yacht Winder）和游艇港（Yacht Harbor）。戴恩（Dane）先生和夫人住在这个舒适的、设备齐全的门禁社区内。他们大概四十来岁，戴恩先生留着胡子，戴恩夫人赤脚穿着牛仔裤。他们刚刚组建一个家庭。

　　戴恩先生在商业地产公司工作，他从1977年这个社区开始建造的时候就在这里居住，至今已经17年。他说他喜欢小区的布局和门禁，"为了身份的象征，我们需要面对它。"小区的保安使这里变得不同，戴恩先生推测门禁的建立不仅是为了起到震慑的作用，同时也是为了处理西边边界处和林荫大道的关系。他思索了一下门禁然后说："我们这真的不是一个受到门禁保卫的社区，而是一个交通流量被控制的社区。"

　　戴恩夫妇推测，在新购房的居民中，关于门禁的权衡占有很大比重。事实上，他们指出，在附近的一个较大的社区港景（Harborview），有类似的居住人口，但并没有警卫或门禁。然而，戴恩夫人说，港景的居民反感游艇避风港的门禁，这甚至会影响到港景的小孩，他们已经开始排斥游艇避风港的小孩。

　　戴恩女士指出，最近开发的小区大多都有门禁。"这就是发展的方向。"她说。门禁系统看起来像是会被卖出的产品，即使他们承认门禁系统除了提升小区的潜在增长价值并无其他优势。

安全第一

一个警卫总是站在主入口,唯一的官方入口。在主路上还有其他无人看守的大门,原本只是车辆的出入口,然而人们也可以轻松地随意进出。律师、保险经纪人有时从这些入口进出小区。戴恩太太不让她的孩子独自到街上玩耍,因为这些门其实起不到安全的作用。她说"它们给人以安全的错觉,但它们并不是真的安全。"显然,不仅仅是她持有这种意见,基本上没有孩子是在家长的监督之外在街道上玩耍的。

邻里安全是居民最关心的问题。戴恩先生回忆说,一个附近社区的边界曾发生过可怕的事件,就像是在游艇避风港。一个在社区外发生的抢劫案出现之后,犯人躲进了社区的门禁内,并在社区里劫持了一名人质。游艇避风港内部也有一些人为的破坏。尽管这并不是那么严重,仍会引起邻里间的巨大关注,因为肇事者看起来像是小区内部的人。业主委员会意识到产生问题的主要原因是区块内无业青年的存在。但是,"他们不能或并不情愿参与讨论。"戴恩太太说。

现在的小区在讨论是否要重塑门禁系统,而不是安装更复杂的安全措施。所谓的重塑只是指外在的,仅仅是为了维持它的存在。反对者说这体现不出任何经济价值,然而开发商和一些居民认为,门的外观直接影响着价值。

如果有像游艇避风港这样一个墙内的社区,像戴恩夫妇这样长期居住在这里的居民会愿意成为它的一部分。然而他们感觉邻里之间只是单纯的经济关系。门似乎并没有把人们联系在一起。这有一个泳池,夏天可以把人们聚集在一起,但是戴恩夫妇说,"我看到夏天人们在泳池边聚集,但直到明年夏天才会再看到他们。"孩子们不在一起玩耍,尽管都住在附近。结果是,大部分人们是通过其他协会,如足球联赛认识的。人们通过游戏小组、公园和其他方式认识，虽然他们的家在同一个地址。

开发的区域除了那个泳池没有其他让人们会面的地方。这个问题是近些年协会开会时的重要议题。一些居民认为墙和门禁不能将居民团结在一起，他们愿意为此做得更多。公园或娱乐中心或许会带来巨大的改变，但这里基本没有动力建设这样的公共空间。业主委员会的力量是微弱的，很少有人会有兴趣参与和推动。戴恩夫人参加过一些会议，但像大多数的居民一样，她只在有自己关心的具体问题时才参加。

在大量的关于在社区中什么该提升和什么不该提升的讨论之后，戴恩先生说，"这儿真是一个居住的好地方，但却不是一个有意思的地方。"

社区、犯罪和地位

单纯的门禁社区的形式有很多种开发方式。外界的娱乐设施被切断，它们就是从围墙外边看到的样子，由大门、围墙和警卫保护的漂亮的住家。地位的标志，象征着某人的生活很好，对富人和地位正在上升的人来说很重要。门在代表地位的标志中，起着重要的作用。

开发商在美国全国各地大量采访之后发现，吸引力和独特性是吸引富裕阶层购房的关键。小区的外观占吸引力的很大一部分，然而门禁创造了一个积极的视觉印象。我们采访到的有声望的居民经常提到他们住区的形象，要代表财富或地位的象征。

但形象并不是全部。尽管生活在安全、安静的上流阶层的郊区地带，他们也依然担心犯罪、交通、噪声和不够便利等带来的问题。正如门可以阻挡律师或其他守法公民的进入，但它对阻止真正的犯罪并没什么作用。许多居民能警觉地发现发生在邻里内部的犯罪活动，不管是由社区内部还是外来的青少年造成的。

  事实上,墙可以很好地阻止犯罪活动的发生。警察对每个门的看守力度不同,但我们发现他们事实上都没有什么威慑力。达拉斯的一个警察队长解释说,门禁社区能通过限制访问带来一定的安全性,但它们同时可以阻碍执法。[13]例如,有的地方由于墙和围栏的存在,从街上不能直接看到,行人和过往的车辆就不能观察到里边的犯罪。通常,为了便捷,门在白天是开着的,到了晚上才会关上,或警卫室到了晚上才有人值班,尽管大多数入室抢劫案件都是在白天发生。一个关于有门禁和无门禁社区的调查显示,有门禁社区业主委员会的成员比无门禁社区的人更容易觉得开放的小区门和车库门会容易产生问题。[14]另外,在犯罪防御和紧急疏散之间总需要一个平衡。即使有很好的消防和医疗救助系统,门禁也会使救援响应延后,增加致命的时间。由于这个原因,达拉斯的一名消防队员告诉我们,他不赞同门禁的设立,理由是救援比防止盗窃更有价值,挽救的生命和财产的价值更高。[15]

  交通仍是现在许多封闭社区共同存在的问题。在蓝花楹尖和马布尔黑德,门禁内的超速车辆是一个长期存在的问题。游艇避风港的戴恩夫人觉得门禁内的交通并不比外面的好到哪去。不只有她一个人这么想。

  我们访谈到的很多人为他们的住区开发中缺少社区感而感到不幸。协会中经常发生争吵并且居民间的关系冷漠。墙似乎将居民团结在了一起,但却只是物质上的。当涉及社交和管制的时候,居民之间内在的联系就显得很薄弱,这其实是和没有门禁的社区相类似的。

  在某种程度上,使居民选择门禁社区的原因往往是他们自身不愿意融入邻里。门禁为双职业、经常出差和工作时间较长的人们提供财产上的安全感。同样的道理,社区建设需要投入时间和精力,但是居住在比较好的门禁社区内的居民很少能有在社区建设上投入的时间。就像一个韦斯顿（Weston）的律师罗伊·艾布拉姆斯（Roy Abrams）和他的妻子共同发现的，社区中除了物质上的安全，其他的是买不到的。可以买到受限的访问权、专业的管理和院落维护，但社区共同的纽带、彼此之间的相互照应是买不来的。

第 5 章
偏安一隅：
治安保卫型社区

全美国城市的所有收入阶层的人们，都感到了重新定义领地和边界的必要。大部分门禁社区的增长并不是由开发商主导的，而是由现有邻里中试图通过门禁和栅栏来定义他们生活方式的居民导致的。这些都是安全区域的社区，是城市和郊区中封闭的街道及路障出现的地方。我们通过大门和围墙的起源来定义这种类型：与品质生活型这类由开发商建造门禁的社区不同，处于安全地带的社区，居民通过安全机制来建造门禁和改造邻里。在城市和城市的近郊区，居民通过关闭所有通路和雇佣警卫使他们的社区变成封闭社区。在有路障的地方，全封闭是不可能的，居民尽可能多地设置了门禁以限制访问。壁垒的心态在这里似乎已经很清楚了，在这些地方，居民团结起来封闭了他们的社区。

贫穷的内城邻里和公共住房项目通过门禁、警卫和围栏来阻止毒品交易、色情交易和经过车辆的枪击，并重新将他们的区域控制起来。其他被犯罪活动或过度的交通流量影响到的社区，获得收回他们的街道公共使用权来仅仅对居民开放。在近郊区的内部，无论距离犯罪易发生地区的远近，现有的居民征税来安装门禁，或向政府请愿为他们的街道设置路障。无论犯罪是猖狂的还是偶发的，能感受到的恐惧都是真实的。

媒体能在美国全国范围传播信息，并且喜欢对有戏剧性的人情故事的大肆渲染，这使得在西北太平洋（Pacific Northwest）一个小镇上的犯罪会被从西雅图报道到迈阿密。这种情况加剧了人们对犯罪的恐惧，在20世纪90年代初坚定了人们对犯罪率上升的认识，然而事实上犯罪率却是下降的。90%的美国人认为犯罪情况在恶化，但暴力案犯罪率在1981到1989年间下降了25个百分点。55%的人担心他们成为犯罪活动的受害者，同时相同比例的人感觉他们没有得到警察充分的保护，只有7.4%的人在被问到邻里中什么在困扰他们时提到犯罪。[1]

犯罪看起来是随机发生的,这会加剧人们的恐惧。中心城区的黑帮因为劫车或在车上枪击越来越影响到外部环境的安全。城市被视为犯罪的核心区。但是,没人可以确信。在我们的印象中,青少年是和犯罪联系在一起的,并且少数的青年人会为这种不安承担罪责。但是任何陌生人都会成为恐惧和不信任产生的诱因。这是社区内的居民更加关注他们的交通并希望道路封闭的原因:在社会不信任的新公式中,交通问题是由陌生人带来的,陌生人是坏的,坏的意味着犯罪。

实际上,犯罪对于低收入群体来说是更大的威胁。司法统计局的"全国犯罪受害调查"数据显示,犯罪在城市比在郊区或农村地区有更大问题。在郊区暴力犯罪和家庭犯罪,如入室盗窃,比在城市低35%(见表5-1)。城市居民成为暴力犯罪或入室抢劫的对象的概率是郊区居民的1.5倍。[2]佛罗里达州蓝花楹尖小区所在的地方,在1993年

每千人家庭和个人犯罪率[a],1989年　　　　表5-1

犯罪类型	中心城	郊区	农村地区
暴力犯罪	40.6	26.0	21.10
强奸	1.2	0.5	0.04
抢劫	10.0	3.9	2.10
突袭	29.4	21.6	18.70
私人盗窃	86.0	70.1	45.10
住家犯罪	232.1	152.70	120.40
盗窃	79.3	52.20	48.50
偷车	26.7	16.80	6.10

资料来源:美国司法统计局,全国犯罪受害调查(华盛顿特区:美国司法部,1993年)。
a. 暴力犯罪和个人盗窃率是按十二岁以上的每千人统计。家庭犯罪率是按每一千户统计。

的犯罪率是95‰;相邻城市劳德代尔堡的犯罪率是171‰。丹维尔,加利福尼亚州黑鹰乡村俱乐部的郊区,犯罪率是19‰,比旧金山大都市区的73‰低很多。[3]然而这两个发展片区的居民都觉得他们需要门禁。正如我们所见,犯罪或交通真正的可怕之处,和犯罪带来的恐惧感并没有任何关系。不管是犯罪率高的地方,还是低的地方,不论犯罪率在上升的地方,还是下降的地方,恐惧感都会刺激那些之前没有门禁的邻里装上门禁。

恐惧感是真实存在的。不管犯罪的实际威胁是怎样的,恐惧本身会对家庭、邻里和生活质量产生负面影响。这必须得到解决。即使在犯罪很少的地方,家长也不让孩子在无人看守的校车站等车。每个人都目睹过他们周边地区的犯罪。很多人感到焦虑,有的甚至觉得恐慌。这很自然并且可以理解,因为人们会做他们所能做的,从而将自己从恐惧中解放出来。

市内防卫者

门禁、围栏和墙不再仅仅是为富人服务。城市邻里,从最富有到最贫穷,都装上了门禁和围栏,彻底地将自己封闭。在低收入的社区,门禁被寄予控制犯罪和重拾道路控制权的厚望。在公共住房项目和低收入邻里,政府、警察和邻里居民联合起来打造门禁、围墙系统和安全检查站,来控制帮派活动、贩毒和其他犯罪活动。这些门禁和围墙更多地是由政府或当地房管部门买单,而不是居民,但居民也可主动承担。在任何情况下,这些墙有别于那些由使用者在紧急情况下建造起来而不顾影响市容的围墙。

有安全门禁的高收入社区,往往被低收入高犯罪率地区包围。这些被包围的邻里试图在周围暴力事件不断增加的情况下,保护自己家和财产的安全。在城市的其他地区，尽管犯罪并没有真实发生，小区也装上了门禁系统，因为恐惧在蔓延。在城市中新的开发项目一般都会被装上门禁。通常门禁和降低噪声、交通问题和城市生活的不便捷得到相同的关注程度，或更加被关注。在所有这些情况下，城市的居民都觉得门禁是必不可少的一个选择。

波托马克花园（Potomac Gardens）是在公共住房中一个应用门禁的案例，这里的居民经常不提出申请就建造围墙。1992年6月，在华盛顿内部和周边安装门禁和围栏的项目最初是会激怒居民的。来镇压抗议活动的消防员被居民用石块打，甚至有居民把小区与监狱和动物园做比较，并有居民告诉记者，"这是不尊重。我们不是动物。我们不需要被关起来。"安全措施包括身份识别卡、安全摄像机和24小时警卫。[4]这些措施大大减少了毒品交易和破坏行为，因此，大多数租户在接下来的几个月支持"围墙"的存在。[5]

维斯塔三月花园（Mar Vista Gardens）是洛杉矶一处有43英亩具有类似门禁和围墙系统的公共混合住房，住在这里的一位居民解释说，很多居民想要一个有门禁的小区，因为"同样的原因，富人希望生活在封闭社区以减少犯罪。"[6]奥斯卡·纽曼（Oscar Newman）曾与多家房屋管理部门磋商过公共空间的重塑，他认为围墙和门禁的增加将大的公共区域划分成小的区域，这样更有利于居民识别出属于他们的领域，并为此更具责任心。提高了安全性，降低了犯罪，并更加注重维护。[7]

有些人对公共住房和贫民社区的围墙提出质疑。据马克·贝德赛尔（Mark Baldassare）说："这些封闭的社区隔绝了居民与外边的交流。富人想要的，穷人并不想。穷人需要社区之间的相互联系，因为他们需要就业机会，彼此之间接触和资源。堡垒式的居住区的设计更像是在羞辱居民。"[8]

图5-1 加利福尼亚州洛杉矶惠特利高地小区街面一瞥

毫无疑问,富人居住区试图减少与外界的联系。在城市街道中出现的门禁在富人区比较常见,而不是在穷人的邻里。但无论是怎样的特权群体,当一个社区努力试图去强化它的边界,争议往往就随之而来。这正是惠特利高地(Whitley Heights)社区决定安装门禁时发生的。

我们已经看到敌人:加利福尼亚州好莱坞惠特利高地小区

人才聚集的展示舞台好莱坞露天剧场(Hollywood Bowl),是最全面展示西方世界的前沿地带。在好莱坞露天剧场的北、东、西方向，是一片叫圣莫尼卡（Santa Monica）的小山。小山和周围的地形使人联想到南斯拉夫的达尔马提亚海岸，或是西班牙的巴拉瓦海岸，除了眼前看到的景象是高速公路、房屋和城市街道，而不是海。这些山其实是洛杉矶的地理中心，可以想象为城市的心脏。土地表现出了它自己的特征，同时需要特定的建筑形式来配合，建在山上的住宅符合自然环境的美景。每栋住宅都是独一无二的，就像在意大利的农村，所有的建筑都以地中海风格融为一体。

惠特利高地是好莱坞山上一座这样的社区。作为老的好莱坞的一部分，这里曾是电影明星和艺术家的聚集区。作家从眼前的景致和舒适的步行区域获得灵感。影视明星可以脱离大众的视线，找到属于他们的隐蔽之处。惠特利高地只有南边的好莱坞露天剧场，和北边的好莱坞露天剧场停车场两个入口。路网布局非常不规则，陡峭而又混乱，很少有不熟悉的司机敢冒险前行。但是，到了20世纪80年代末，好莱坞的社会地理变化如此之迅速，街道的自然地形、丘陵和财富的标志，都不足以将社区和外面的街道隔离。

现在，好莱坞大道上的平地和惠特利高地之间的差异已经再明显不过，尽管有几个社区在它们之间将它们隔离开来。山下是交通线路、广告牌、垃圾和无家可归的人，以及各种在不同维修状态中的楼。高的地方则是蜿蜒的街道、高大的树木和豪宅。这些年以来，好莱坞大道成了卖淫、毒品交易和其他城市病藏匿的地区，惠特利高地的人们开始思考门禁存在的必要性。在山上本身是没有什么犯罪活动的，但是邻里间的恐惧在增长。大家都知道，洛杉矶政策部门已经被平原地区的各种问题所淹没。

十五年前，一些邻里中的人就感到门禁存在的必要性，在20世纪80年代早期，经历过住在山脚下好莱坞大道附近的两位老人被谋杀的事件之后，一些增强安全的措施是完全有必要的。门禁并不是居民委员会上提出的唯一措施；一些居民建议武装巡逻，或者巡逻加部分隔断一部分街道，以降低地区对机动交通的开放度。

无论犯罪带来多大的恐惧，汽车可能给山上的居民带来更大的困扰。因为山脚下的公寓楼很少有充足的停车位，惠特利高地的街道更加安全，公寓楼的居民在山上停放他们的车辆。在20世纪80年代初，通勤者就发现当高速公路堵车时，山上是一条近路。居民觉察到很多超速行驶，并为他们孩子的安全感到担心。甚至在一些林荫道上，出现了警察的高速追捕。随着越来越多的人发现了该地区的美丽和魅力，越来越多的外来人把它当作一个捷径，当作慢跑或遛狗的区域，或当作去好莱坞露天剧场时便宜的停车地点。

在1886年，该地区决定安装铁门，并被市议会批准。

抵制门禁

鲍勃·麦克多华尔（Bob McDowall）是门禁方案最终诞生期间惠特利高地公民协会的会长。他中等身材，肩膀很宽，个性开放而有魅力，并有英国口音。他讲述了惠特利高地门禁的故事，在自家门廊前可以看到混合有蔬菜、鲜花和喷泉的意大利式花园。鲍勃1989年从纽约搬到惠特利高地。他偶然发现了这片区域，并立即被它的魅力和建筑之美所吸引。他觉得惠特利高地是一个真正的社区，具有历史感和共同的价值体系，并且有强大的邻里之间的组织系统。社区每年举办一次劳动节街头艺术节和一次为它筹钱的拍卖会。

门禁是用来保卫安全的措施。鲍勃解释说，"门禁并不是在上升的犯罪率推动下安装的，而是我们不能保证社区安全的感觉。"门禁主要被看作是一种交通的手段，被用来控制"谁到得了这里"。他们得到了居民强烈的支持，获得超过80%的赞成投票。只有一个人，是一位律师，口头反对这个计划，并且他搬出了门禁社区。没有人和他一起搬走。

建造大门的筹款在1988年完成，在1990年惠特利高地得到建造门禁的许可，并撤销了道路的公共属性。在第二年年初开始建设的时候，社区内公寓楼的居民提出了反对意见，自称为CAGE，市民们反对门禁制造的飞地。他们努力地为门禁战斗，提出了一个公诉，并成为全市范围内争论的焦点。CAGE指责说，门是有排他性的，是精英阶层地位的体现；鲍勃则说，他们不满意是因为他们会失去停车位。

在施工开始后不久，发现消防部门并没有批准关于门禁的规划，工作就这样停止了。惠特利高地的公民协会被迫重新设计大门的方案，以便于紧急车辆的通过。改动花费了十万美元，使得总花费达到35万美元。到了完工的时候，门也是开着的，人们为了让道路通过提出了上诉。最终，在1994年6月，加利福尼亚州最高法院维持了上诉法院的判决。惠特利高地的门禁是非法的，永远不能关闭。

这项决定基于加利福尼亚车辆条例，认为公共街道必须保持对公众开放，上诉州法院的法官伍兹（Woods）写道，"虽然我们理解犯罪防御和历史保护的深刻性和持久关注性，但我们仍怀疑立法机关如果承认州市民在郊区每家的领地，是类似于回到封建时代的，与此同时，这个州的其他公民被剥夺了进入这些地区内使用公共街道的基本权利。"[9]CAGE赢了。在1994年10月，惠特利高地和城市达成协议，将拆除大门和修补街道人行道的成本拆分出来。

社区的死亡

三年有关门禁的斗争使惠特利高地社区精疲力竭。不断有关于支付律师费和大门重新设计费用的筹款活动。社区内部有关这方面的争议常常爆发。社区误入歧途的感知使得无奈感加剧。自1924年惠特利高地居民委员会第一次成立以来,社区拍卖被取消了,因而无论是这项活动还是劳动节街道派对都被取消了。

在精疲力竭的斗争的最后阶段,居民委员会及其领导团队解散了。它曾经是好莱坞在解决政治和社会问题方面一股积极的力量,民主领导的集中地,慈善事业的盟友,但现在退出了。对鲍勃来说,惠特利高地是好莱坞城的一个健康细胞。像惠特利高地这样的社区,"当社区内保持健康和活力的同时,同时也是社区内政治和社会变腐朽的过程,"他解释说。对鲍勃而言,关于门的斗争结束了,对整个好莱坞地区产生了深远而持久的影响。社区开始由新成员组成的居民委员会重组。然而,诉讼本就是一个流失的过程;即使邻里赢了,这也是一个得不偿失的胜利。

门禁本就是一个行政管理上的噩梦,鲍勃说。"门禁本身是一个财政包袱。"委员会试图提议,门禁在白天打开晚上关闭,这样通行会更加容易。他们甚至愿意让在平地上的居民在某些区域停车。但是庭外和解一直没有成为可能。对于住在山上的人来说,斗争是在拯救他们的社区。然而对于住在平地的人来说,战斗是阻止山上的人们将好莱坞用围栏分割。在这个过程中,惠特利高地可能已经失去了它最珍贵的资源,一个社区的强大自身感。鲍勃见证了它的变化过程;他在接受采访之后不久就搬走了。但在那天晚上,看着太阳慢慢落入山间,他眼中含着泪水。

郊区组团

在内环郊区和小城市的中产阶层同时也在关注门禁。他们可能因

图5-2 一个郊区聚落：加利福尼亚州百慕大山丘（Bermuda Dunes）

附近街区的高犯罪率而恐惧，或是担心人口变化和日益增长的暴力有一天会在他们家门口发生。在很多案例中，宁静和同质的内环郊区已经在发生着巨大的变化。很多人认为只有两种可能的解决办法：搬到更远的地方或设置门禁，为保持自己的社会和经济地位尽最后一次尝试。在纽约、洛杉矶、华盛顿、芝加哥、迈阿密、亚特兰大和其他城市的郊区，片区由带门禁的单户住宅和联排房子组成，尤其是那些开发私人街道的片区，一般有一个房主委员会和一到两个出入口。在这样的发展模式中，安装门禁的过程较为简单，由管理委员会组织一次额外的评定，和安装其他硬件设施一样。在劳德戴尔堡的郊区，开始计划安装门禁的林荫大道（Boulevard Woods）北区，社区中的一个年轻女人被绑架和强奸了。居民承认那里并不是一个犯罪高发区,但是他们想做一些事情来确保那里的安全。[10]在海豹滩(Seal Beach),另一处橙郡的郊区,大学城西区的开发试图通过门禁来解决日益增长的犯罪问题,和从长滩迁移过来的移民。[11]

而在千橡树地区(Thousand Oaks),洛杉矶一处还不错的郊区,布雷默花园(Braemer Gardens)的居民将开发的联排别墅设置门禁,来维持邻里的和平和减少犯罪。[12]南加利福尼亚州的隐山,到现在为止花了5万美元用来安装保护大使馆和副总统府邸的电子防恐设施。设备已经成功防御了几辆试图闯入的车。[13]

无论是怎样的恐惧和压力使邻里安装门禁,最终的目标都是控制。恐惧来源于无能为力和脆弱。门禁通过对周围环境加以控制减少了这种感觉,与门禁起到的实际作用无关。

在芝加哥外围,玫瑰丘(Rosemont)郊区将门禁的潮流发挥到新的极致。这个有4000人的村子,在它巨大的居住范围周边设置了两个出入口检查站。警卫室由城市警察来值守,并由城市财政拨款,允许警察记录车牌号码,出入次数及盘问司机问题。发生在玫瑰丘的少数犯罪,一般发生在商业区自由出入的酒店,和芝加哥机场周边的商务设施,而不是在居住区;但犯罪是促使门禁产生的因素。居民的恐惧感因陌生人的流动而产生。有趣的是,玫瑰丘几乎一半的居民居住在受门禁保护的范围之外的三幢公寓之中。城市宣称,把低收入者容纳进由纳税人提供安全的区域是非常昂贵的。[14]

有些时候,犯罪并不是门禁能够解决的问题。在洛杉矶布伦特伍德(Brentwood)的富人区,邻里得到私有化街道的权利,建造围栏,并建立了24小时有人看守的门禁。[15]主要的担心来源于,在山上新建的一座博物馆会增加新的交通流量。在布伦特伍德区域没有路通向这座博物馆,但居民们怕来访者认为有这样一条路。当然,门禁也有助于增强安全性、私密性和提升价值。一位居民说，"我们非常高兴。门口的保安会阻止不良人士的进入。"[16]当然，并不是每个在布伦特伍德区域的人都同意这样的说法。在其他郊区组团，他们只想使自己的邻里社区受到保护。

还不够远：加利福尼亚州棕榈泉市朝阳棕榈树社区

棕榈泉是一个有名的沙漠度假胜地，它远离了城市的喧嚣。事实上，它是聚集在科切拉谷地（Coachella Valley）的众多小城市之一。那里是富豪名流的住宅区，也是农民工、房车居民的聚集地，也从来不乏贫穷带来的诸多烦恼。棕榈泉的谋杀、强奸和恐怖袭击比例略高于市中心，整个地区的综合犯罪比例相较于国内其他城市也偏高。与滨江新城地区相比，棕榈泉的入室盗窃率要高出50%。这座只有4.1万人的城市，仅在1993年一年就发生了七起谋杀案。

朝阳棕榈树社区（Sunrise Palms）位于棕榈泉北侧，这里居住着360户人家，环境良好，社区内有一个网球场、一个游泳池和一个公园区。来访者须通过一道小的电控门铃致电住户，以解除门禁。物业经理办公室和业委会的会议室都在球场边上的那栋小楼里。我们正是在那栋楼里，同八名住户代表和物业经理见面，采访了他们在这样一个工人阶级和中产阶级聚居的封闭式小区的生活情况。

我们到那儿时，住户代表基本到齐，物业经理为大家倒上了咖啡。他们围着一张长桌，坐在塑料椅上，和物业经理相谈甚欢。他们彼此熟知，不需要物业经理一一介绍。他们几乎都年过五十，除了年龄相近外，背景各不相同：八位代表有男有女，其中还包括两个欧洲移民和一个拉丁裔居民。

改造是为了安心

朝阳棕榈树社区从前不是封闭式的。社区始建于1983年，1991年以前它没有门禁。安装门禁的提议得到了360名住户中200位业主的支持，持反对意见的业主考虑的主要是安装成本和后续维修费。住户大多在安全方面有所顾虑，认为遭受刑事犯罪的随机性很大。他们担心，随着棕榈泉的发展和交通便捷度的提升，罪犯会有机可乘。在小区两个入口安装门禁，似乎是保证生活品质的理想方式。

门禁系统是精心挑选的。比普通的无人电子门禁要先进得多。它采用磁卡和电脑结合的方式，准确记录何人何时进入小区。来访者进入前，需致电并获得相应住户的准予，他们进入小区的情况也同样得到记录。需要频繁出入小区的外来人员，如送报人、园丁，须持有临时卡。临时卡只对后门门禁有效，并且在晚上10点到早上7点间关闭。在社区两个入口处，均设有一个旋转铁门以及一个可上下调节的电子抬杆。旋转铁门用来控制行人和车辆进入，抬杆则是防止外来车辆的非法进入。此前我们从未见过这样的双重门禁系统，很明显当地大多数商贩也未见过类似装置。在抬杆安装完成的前几个月，一些商贩曾试图紧跟前面车辆驶入小区，均被当场制止。

门禁安装完毕后的第一个月还出现了其他问题。比如，年轻人会成群结队等在门口，尾随某辆车，偷偷跑去参加周末晚会。此外，还有一些车辆试图从出口驶入，骑自行车的孩子也可以直接骑行进入小区。封闭临近街道后，这些问题都迎刃而解了。雇一名门卫可以解决这些问题，但成本过高。接受访谈的住户大多是在安装门禁前就入住了，但所有业主代表都非常支持安装门禁。"如果是独自居住，这会带来很大的便利。现在我不再担心非法闯入事件，感觉安全多了。""安装门禁前，我总得确保一切都锁好了，因为走在街上总会碰见一些闲逛的陌生人,你却无权质问他们在这里做什么;因为这些是公共街道,他们完全自由。如今我们的安全感很高。"

受访小组内的每一位都曾经历过入室盗窃或抢劫,我们花了几分钟了解了这些故事。在他们看来,门禁真的增加了安全保障,不只是心理作用。最重要的是,出入小区的车流量下降到原来的75%,这意味着非住户的穿行量有所减少。然而,一名女性住户指出,非法入侵者可翻越围墙,她表示看到"两个墨西哥人曾在晚上11点左右,在小区泳池那儿喝啤酒。"虽然近一周以来他们晚上都在那附近出现,但物业经理表示他从未听说过此事。她答应今晚注意他们,并报警(这个小区没有巡逻队或警卫)。她指出,没有任何一个社区能保证"绝对安全",对此,另一个人回应说,"联邦监狱的安保系数最高,但还不是有罪犯从那儿逃出来嘛。"

社区参与

社区内大约60%的房产为候鸟人群的二套房,其余为常住租客和业主。我们的受访者同样涵盖了这三种住户类型,他们都向我们传达了一项关键的信息——即欢迎并包容朝阳棕榈树社区的所有住户,虽然他们每年可能只有很短一段时间在此居住。租客会自动加入业委会,尽管事实上,他们无权参与小区的管理。这是保证租客和候鸟人群都能与户主一起参与社区会议。

这样的行为早已跳出业委会的规定范畴,是站在社区事务参与度的角度,努力为住户提供一个参与的平台。事实上,每年的选举投票率能到达80%到90%,年会必须在本地酒店举行,以便所有想参加的住户都能列席。业委会理事会席位向来无空缺,大多数空缺职位还存在较为激烈的竞争,这也是此业委会的特别之处。

居民的参与度很高，但这并不意味着小区内完全团结一致。目前，有人提议加高朝阳棕榈树小区的沿街砖墙，同时，在小区内部有一道13年前建造的木围栏需要翻修。业委会对木围栏翻修和外墙加高的方案进行投票，结果出现明显的两极分化：离外墙近的住户投票支持加高砖墙，但反对现在翻修内部围栏。而离内部围栏近的住户则认为翻修围栏更加紧迫。

类似的问题通过社区杂志和各委员会处理，虽然大多数委员会由于社区参与的缺失已经面临解散。作为青年商会（Jaycees）的成员之一，灾害委员会（the Disaster Committee）依旧活跃。其他委员会如泳池委员会、建筑委员会和美化委员会已被解散，因为"想要住户做出某些改变是不易的"，他们都倾向于把"执行、评估和裁决"这些职责交给物业经理。

这种奇妙的参与和回避情形同样显见于他们对棕榈泉这座城市建设的态度上。对于这座他们所在的城市，这些居民并没有特别依赖，但他们并不完全忽略它。"我们对这座城市并不是很感兴趣，但我确定，我们在这里的参与度比在以前的城市高。在这里我们更关心城市建设，也获得了更多的服务。"也许是因为退休人员比例很高，这里有很多志愿者。所有的受访女性都在扫盲计划、博物馆，或医院做志愿者，而男士们表示他们的配偶也在做志愿者。

同时，与大多数业委会相同，小区内明确禁止政治活动。上门拉票和张贴标语都是不允许的。受访小组认为，政治性的活动是具有分裂性的，容易引发居民间的口角甚至打架斗殴；而商业活动则会带来诸多烦恼。为支持学校的乐队而出售女童子军饼干和糖果是明文禁止的，但这种情况仍时有发生，因为实际上无人反对。上门开展民意调查也可能是一个安全问题：陌生的调查人员有可能是罪犯，而留在把手或门廊上的传单可成为判断房屋空置的依据。

睦邻友好

提及这些安全隐患,受访小组表示,他们会相互照应,会为外出的邻居处理邮件和报纸。受访者中的一位残疾人就称他曾得到过十多人次的帮助。他们一再表示,在这个小区邻里之间比公共街道社区的人们更加团结。"我们知道邻里之间的需求,这是因为我们彼此的交流比公共街道社区的人们多得多。"

"我们之所以就这个访谈能有话可讲,是因为我们有一个业委会。我想任何业委会的社区精神都强于普通街区。"小区变成封闭式以后居民的社区感并没有发生实质性的变化。过去游泳池的人更多,即使是在晚上也很热闹,但另一方面,至少现在整个小区要齐心协力完成圣诞彩灯的布置工作。

一位居民表示"我想门禁使整个小区成为一个家庭。"大家都笑了,但也表示同意。有了门禁,"你可以辨别谁不属于这里。"外来人员以前常来小区公园,你无从确定他们是否是你的邻居。现在,有了门禁,更容易熟悉邻里的相貌。虽然对候鸟居民不大了解,但大家都能意识到冬天有些居民会回来这里。归属感这个问题有些敏感:游泳池和网球场的锁都被换掉了,因为以前的居民有时会回来使用这些设施。

居民之间偶尔会为停车、噪声和没拴好的狗发生冲突,但这些都不那么重要,也极少发生。小区内保持着一种和气,正如一位女士所言,"如果我们生活在一个开放式街区,我们在产生分歧后会老死不相往来,因为我们从来没有见过对方。在这里我们每天遇见彼此。你会努力尽量不发生冲突。"另一位女士表示同意,"如果你住在开放小区街道的另一头,你可以走相反的方向来避开不想见的人。"他们认为门禁本身有助于加强睦邻友好。他们必须认识彼此,参与彼此的生活，所以他们为彼此留心，甚至互相照应。其中一位男士说，"虽然我们在很多问题上有分歧，但我们仍是朋友。"例如，他说，在他外出购买新鲜的土鸡蛋时，他也会给其他人带一些，包括在场的一些人。他们都微笑着同意。

和其他有门禁和无门禁的小区一样，这个社区也存在一些问题。邻里之间有时会产生冲突。但朝阳棕榈树社区的居民们选择把他们的生活同外界的噪声、交通和犯罪隔绝开来，他们知道他们应该在这个小区内相互照应。

路障设施

作为旧城区和近郊社区的中产阶级业主，他们会竭力保护资产安全，不仅会雇佣保安巡逻人员或是组建"邻里守望"小组（Neighborhood Watch groups），而且还会设置栅栏和铁门来阻止外人进入。但是，通过建造围栏和门禁来完全封闭所有入口是不可能的。在公共街道，常会触及惠特利高地小区所遇到过的法律麻烦。公共街道可以实现私有化，但其费用往往超出居民或市政的可承受范围。在这座城市，居民采取的措施通常是为街道设置路障，这样一来，可关闭大多数十字路口，仅留下一两个入口。这样做的结果则是，在原本开放的城市系统中建设了一个充满尽端路的迷宫般的郊区街道网络。路障设施和其他安全措施一样，它们是由居民自发建立的，而不是开发商的主意（图5-3）。

虽然它们不完全是围墙或围栏，入口处也没有保安人员，我们仍把它们归纳为门禁的一种，因为它们对私人空间的追求和排他性作用是相同的。同本书所讨论的其他门禁形式一样，路障设施有意通过设计围合出安全的区域，限制了对公共区域的访问。其效果跟门禁基本相同,也相对行之有效。在迈阿密、休斯敦等城市,几十个街区都采用了这种解决方案。在一些城市,待批准的路障设置提案也排成了大队。

我们参观了位于洛杉矶、迈阿密、达拉斯、棕榈泉的封闭式街道,发现美国全国各地许多城市均有类似的动向,包括芝加哥、新奥尔良、休斯敦、沃思堡、波士顿、布里奇波特和康涅狄格州,这一名单还在逐年增加。在佛罗里达州,国家安全邻域法(Safe Neighborhood Act)允许社区与当地政府协商关闭、私有化,或改造公共街道。[17]

设置路障的原因多种多样,包括社区自身街道较为严重的犯罪问题;来自其他街道的安全隐患、交通拥堵、上班族把社区街道作为捷径路线等,或者只是从城市的总体安全程度出发来考虑。支持者认为封闭式小区是对犯罪的一种有效威慑,有助于保障邻里和住所安全,也有助于留住欲迁往郊区居住的白人和中产阶级。

图5-3 位于佛罗里达州迈阿密海岸社区中的路障设施

位于加利福尼亚州首府萨克拉门托（Sacramento）的富兰克林社区（Franklin Villa），是一个低收入人群聚集的独立式产权公寓住宅区，那里帮派众多，毒品交易频繁，暴力犯罪频发。在1993年，经过社区居民多年的争取，市政府同意将为该小区设置街道路障的项目纳入总投资达230万美元的社区振兴计划。[18]受惠特利高地小区案件判例的影响，在加利福尼亚州，这些意在将街道私有化的路障只能临时存在。但实际上，路障多保留一天，人们就多安心一天。在那之前，一些社区团体试图自行控制当地的违法犯罪；一个小区的业委会耗资20万美元打造铁围栏，并为小区保安人员配备枪支和猎犬。[19]

位于洛杉矶中南部的雅典高地小区（Athens Heights）是一个中产阶级工人聚居的小区，距洛杉矶骚乱频发的诺曼底和佛罗伦萨小区只有几个街区。该小区有一些大的老房子和体量较小的灰泥平房，大多建于20世纪50年代。这些房子均带有精心打理的花园和草坪。小区周边是洛杉矶最贫穷、犯罪率最高的一些街区。雅典高地小区的业主于1987年开始向政府提议对他们的街道进行封闭式改造，并于1991年安装了一个永久性的铁门和几个临时木制路障。原计划是安装十个大铁门，只留唯一一个进出小区的公共通道。小区住户说安装铁门后，犯罪现象有所减少。一位雅典高地小区的居民注意到社区门禁带来的社区隔离和认同感弱化的问题，他说，"现在孩子要绕路去上学，在去学校的路上会看到很多涂鸦。我想如果从前他们能穿过社区去上学，看到的将是一番不同的美景。现在由于社区封闭他们看不到美景，这不禁让人感到遗憾。还有什么比看着孩子长大去上学更令人快乐的呢？好在，总有一天，我们可以让孩子们重新沿这条路去上学。"[20]到1994年，受到惠特利高地小区判决的影响，社区的路障被取消了。

在惠特利高地小区，往往会听到反对封闭街道的声音。社区坐落在新泽西州梅普尔伍德（Maplewood）的山顶区（the Hillcrest area），于1993年安装了五扇大铁门，却引起了相邻的纽瓦克（Newark）街区的不满。同许多类似的封闭街道的行动一样，山顶区（the Hillcrest）业委会坚持声称，封闭只是为了减少过境交通对住宅区的影响。山顶区居民是中产阶级人士，其中约有一半是黑人。该小区毗邻纽瓦克小区，而纽瓦克小区十分贫穷破落。山顶区居民想把小区建成郊区的样子，他们说规划师已经将街道设计成尽端路，而非现在这种城市方格网道路系统。纽瓦克市长夏普·詹姆斯（Sharpe James）在一连串的广播节目和电视访谈节目中，谴责山顶区（the Hillcrest）的大铁门显示出的"精英主义"和"对城市结构的破坏作用"。詹姆斯所看到的问题是"阶级分化"，这将"导致分裂而不是团结。"全美有色人种协会（NAACP）也被卷入此次争论，采取一个"积极的立场"，反对封闭式小区和街道路障设施的增长趋势。

俄亥俄州代顿（Dayton）市中心附近的五橡树住宅区（Five Oaks），饱受过境交通问题、卖淫和毒品问题以及常住居民外迁问题的困扰。市政府给出的1992计划，通过设立大门把住宅区完全隔离开，形成八个小区，每个的规模大约是三到四条街道围合的街区。每个小区只有一个入口并设置了自动门禁。所有社区支路均不能贯穿整个社区。虽然封闭街道是为了减少犯罪和交通流量，它也通过居民对自己家门口街道的控制力来明确划分出小区内部街道。"这会唤起居民对小区的专有感。街道由不受任何组织控制的开放的公共通道，变为封闭的、有访问权限的、有居民认同感并能体现居民特质的私有空间。"[21]在警察和大部分居民看来，五橡树住宅区街道的封闭是成功的，虽然仍有人持反对意见。犯罪率下降的同时，房价有所上涨。[22]美国很多致力于解决犯罪问题和中产阶级外迁问题的城市，都把五橡树住宅区和其他成功设置路障设施的小区视为优秀案例。

新马其诺防线：佛罗里达州迈阿密海岸

迈阿密海岸仿佛是一部电影的布景，而非真实的生活场所。它以比斯坎湾（Biscayne Bay）为背景，多次出现在电视剧《迈阿密风云》（Miami Vice）的场景中。街道两旁种满了棕榈树、松树和桉树。滨海地段都是独栋豪宅，一直延伸到相对经济的普通住宅区，但无论是豪宅还是普通住区，居民都至少是家境殷实的中产阶级。它看上去是一个小城镇，只有2.5平方英里，坐落与迈阿密这座大城市的边缘地区，它的街道从海湾一直延伸至迈阿密城区路网。

在迈阿密海岸，我们的向导是杰伊·比奇（Jay Beach），他是当地的城市事务部门主任，是一位体面讲究的政府官员。他雷厉风行、学识渊博。他称自己是一个干实事的官员，熟知他的城市和市民。他认为这座小城是一个大都市蔓延区中的一座小岛，身边迈阿密这座大城市的污秽肮脏恰恰映射出这座小城的美。

迈阿密海岸的海滨大道既是海岸的分割线，也标志着这浑然天成的人造景观的尽头。街道的那头，在迈阿密，是工人阶级和贫困黑人的住宅区。其中有些房子需要重新粉刷，街道上胡乱停着汽车，地上满是垃圾。双方的差异不单是在种族和收入方面，也在于不同的公共服务水平。在迈阿密住宅区，垃圾回收站的数量是远远不够的，因此在迈阿密海岸的垃圾处理日，城区的居民常会拎着垃圾袋穿过街道去迈阿密海岸做垃圾回收处理。

越过滨海大道的不仅仅有垃圾处理日的塑料袋，据杰伊·比奇所说，道路另一边的犯罪、骚乱、蓄意破坏也经常蔓延到迈阿密海岸。他认为，如果不加以遏制，这将导致迈阿密海岸的衰败，至少在临近迈阿密城区的那些街区会出现问题。因此，他全力支持城市提出的解决方案：用路障设施分隔开两个区域。

这一切始于1988年市长竞选上做出的提高公众安全的承诺。当时的候选人后来当选了市长，还承诺了政府开放式的管理模式，在重大问题上将参考公众意见。出乎意料的是，数千名市民出席了首次全市性会议，这样规模的会议可谓是前无古人后无来者。公共安全问题成为当晚会议的主要议题，尤其是沿迈阿密区东部边境的社区的衰落。普遍的观点是，迈阿密海岸地区的犯罪来自东部的社区。

最近发生了一系列飞车抢劫案，案发地点通常在机动车道上。女性纷纷表示她们不敢单独外出。老年人则害怕那些闲逛的流氓，那些流氓可从任何一个主干道进入他们的住宅区，并在警方抵达前逃之夭夭。市民认为这座城市实在不够安全，因而，会议的结果很简单：加强两个地区边界的安保系统。

通过安装路障来封闭边境道路的提案，被委派给了一个公民小组。他们提出了一个非常极端的方案，建设一套路障系统，封闭几乎所有从迈阿密到这座城市的入口，并使用市内路障构建一个迷宫路网，只有最主要的城市干道才会完全开放。

迈阿密海岸城市委员会对此计划表示震惊。这一计划太过极端，备受争议。他们担心这可能会违反国家法律，并成为警察和消防部门保障公共安全的梦魇。虽然公民小组的提案被否决了，但市长对市民的承诺依旧有效。这引发更多公民参与进来，并且就一个相对保守的提案举行了多场听证会。保守提案减少了路障的数量，集中保留东部边界的路障。但即使这样缩减路障数量，城市依旧会被过度分割，原公民小组的成员感觉遭到了背叛。相当一部分迈阿密海岸地区居民认为，任何路障都是违反宪法、有悖民主的，并有种族歧视之虞。市议会坚守了自己的立场，表示会适当设置一些路障来限制通行，并不会完全封闭住宅区。最终计划得到批准，设置一些市内路障来应对政治压力。市长批准制定进一步的实施计划并开始设计路障。

街道路障的设计师是兰达尔·阿特拉斯（Randall Atlas），他是当地的一名建筑师和安全顾问。实际上，他所设计的路障就是在大街小巷的花坛里种上灌木，把一部分道路用棕榈树、植物和反光路标作为尽端从而实现路障的功能。在许多地方，你很难发觉街道布局发生的变化。但东部地区的居民认为不论路障多美，都是对个人的侵犯。起初，反对者驾驶卡车压过路障，灌木丛逐渐被破坏。市政官员通过灌注水泥、放置铁道枕木以及金属柱来抵御车辆的侵扰。这一方法行之有效，至今这些路障依旧固若金汤。

为进一步加强系统，市民们提出了更多的要求，其中最为核心的就是要用围墙隔离住宅区。出于政策和务实两方面的原因，市议会果断否决了这一提议。任何进一步的路障都可能妨碍交通，招致戴德郡（Dade County）或佛罗里达州的反对。虽然一些市议会成员支持隔断迈阿密海岸同迈阿密之间的联系，但也纷纷表示这一行为会给两个地区都带来不良影响。

这些路障有效吗？没有人能完全确定。某些类型的犯罪有所减少，但是否是路障的作用尚不可知。但不论事实情况如何，居民都有了更强烈的安全感，更愿意在自己小区的街道上行走。但有关路障的具体位置和路障本身仍存在种种争议。先前的一些反对设置路障的人搬离了社区，而后来一些对路障设置位置不满的人也陆续搬走了。

有关路障的异议仍是一个政治问题。市议会上几乎总是会谈到这类问题。一些迈阿密海岸社区居民认为路障有效转移了交通和犯罪问题。另一些人则认为路障太小，不足以解决问题。不管居民持何种观点，这个讨论会一直持续下去。可问题是，迈阿密海岸在设置了路障之后，到底锁住的是门的哪一边呢？

安全自治区内的犯罪与社区生活

旧城区的低收入社区是相对萧条的，住在郊区的居民看着内城的城市问题逐步向外扩散也深感忧虑。城市建设、郊区规划和路障设施等问题与社区的生活方式和地位所关注的重点是类似的：控制、隐私、安全、恐惧。而安全自治区存在的不同之处在于，他们会感受到来自本社区内或者邻近社区的交通、犯罪和恐惧的压力，他们积极采取行动，通过安装门禁或是设立路障来宣告主权。

许多安全自治的社区知道一个好的社区应该是怎样的，他们也在争取保持或恢复社区应有的面貌。这样一来，社区不单是一种商品，而是一种领土和命运共享的意识。社区居民不愿意远离市中心，离开自己的家园，而是为了重获睦邻友好和更好的生活质量而奋斗。但门禁是解决问题的方法吗？

如前所述，门禁时常引发利益上的和实际中的冲突，不论是在小区内部还是外部。即便路障并不会完全封闭街道，依旧保存了街道一定的公共属性，但在设置路障设施这一问题上，冲突更为激烈。如我们在梅普尔伍德、纽瓦克、新泽西州和迈阿密海岸看到的那样，在讨论路障或门禁的设立时，常会引发种族问题方面的紧张局面。

在迈阿密的椰林区（Coconut Grove），加勒比裔聚居的西区的居民反对在富人聚集区一侧安装门禁或路障。在他们看来，这是种族主义者的阴谋。一个当地的规划师告诉我们，椰林区内一些富人阶级曾表示，与其在他们小区安设路障，不如直接把贫穷和犯罪封锁在椰林区西区。[23]

1994年底，美国住房和城市发展部（Department of Housing and Urban Development）对休斯敦的众多封闭式街道展开了一项调查。该市已通过一项条例，允许出于交通管制和安全因素的考虑而封闭街道。一些居民抱怨说，很多街道封闭的动机都是带有种族歧视色彩的，他们声称，人口普查数据表明，很多设置封闭街道的地区都位于少数族裔聚集区的边界附近。[24]1993年，市长理查德·M·戴利（Richard M. Daley）提出了一项计划，通过在芝加哥设置水泥路障，来实现对芝加哥城的"封闭式"管理。此提议一出，反对意见巨大。原因还是在于路障设施分离了旧城中心和郊区，许多芝加哥人认为路障会把市民依据种族和阶级隔离开来，进一步孤立本属于这座城市的穷人和有色人种。

尽管有这些争论，越来越多的居民开始相信路障可以保护家园、街道和生活。各地区路障的效果略有不同，有些地方的犯罪现象有所减少，有些反而增加，有些则保持不变。有些则是降低了邻近社区的犯罪现象，有些却起到相反作用。一些社区在顶住各种争议建设门禁和路障后，对实际效果感到失望沮丧，因而拆除了门禁或路障。另一些社区则建设得十分顺畅，并引得其他地区效仿。

20世纪70年代中期，封闭社区的策划人奥斯卡·纽曼（Oscar Newman）比较分析了圣路易斯市的封闭式小区和类似的开放街区。调查发现不同类型的社区犯罪率差异很大，但总体来说，开放的公共街道的犯罪率远远高于封闭式社区。[25]开放式街道和封闭式社区最大的不同在于居民的认知：那些住在封闭式小区的居民，感觉他们的街道更安全，出门时更愿意把门窗打开。

在劳德代尔堡（Ft. Lauderdale），警方开展了两项更加深入和广泛的调查。第一项调查发现，封闭式社区附近的暴力或财产犯罪率与其他地方相比并无显著变化。对于汽车盗窃、抢劫等一些罪行，在街道封闭之初，的确有明显下降，但并没有持续太久。[26]第二项调查（见表5-2），是劳德代尔堡警署犯罪预防科于1990年进行的，他们对该市的几个封闭式街区的犯罪率变化情况和全市总体犯罪率变化情况进行了比较，得出的结论是：门禁和路障并无明显效果。巡警进行的一项类似调查发现，大多数人都不喜欢封闭式街道，大多数人认为这并没

劳德代尔堡各社区的犯罪率变化趋势，1988-1989年　　表5-2

社区类型	与前几年相比（%）	
	1988年	1989年
带路障社区 [a]		
河滨公园小区（Riverside Park）	–18	6
朝阳海岸小区（Sunrise Intracoastal）	–6	–2
塔彭河岸小区（Tarpon River）	–3	–8
埃奇伍德小区（Edgewood）		–8
平均值	–7	–3
开放式社区 [b]		
珊瑚群小区（Coral Ridge）	–15	0
多尔西河湾小区（Dorsey Riverbend）	–18	6
劳德代尔堡海滩小区（Ft. Lauderdale Beach）	–9	–5
河畔橡林小区（River Oaks）	6	9
维多利亚公园小区（Victoria Park）	–13	9
河岸小区（Riverland）	–7	–2
索米德尔里弗小区（So. Middle River）	–18	–2
可颂公园小区（Croissant Park）	–10	–6
伯恩西塔高地小区（Poinsetta Heights）	–2	–6
普罗格雷苏东北小区（North East Progresso）	–11	–18
梅尔罗斯庄园小区（Melrose Manors）	–9	14
夏蒂河岸小区（Shady Banks）	–13	15
劳德代尔堡庄园小区（Lauderdale Manors）	–1	–11
劳德代尔堡东北小区（North East Ft. Lauderdale）	–9	–2
珊瑚群岛小区（Coral Ridge Isles）	–8	–4
平均值	–9	–1
全市平均	–11	–2

数据来源：犯罪预防与调查科，《封闭式街道研究》，（劳德代尔堡，佛罗里达州：劳德代尔堡警察署，1990）。

a. 带路障社区包括警署调查区域内满足条件并安装满一年的所有社区。

b. 开放式社区包括警署调查区域内满足条件的所有社区。

有减少犯罪,反而延长了应急响应时间,加大了警察巡逻难度。[27]

封闭式街道的背后是"犯罪防预性环境设计"(CPTED)理论,该理论认为任何提高居民对住宅区主权或自豪感的措施都有助于减少犯罪。其主要推动力是"防卫空间"的建造,或是居民愿意看到并捍卫的明确空间边界。无论怎样更改空间设计,犯罪防预性环境设计获得成功关键在于加强社区的凝聚力和参与度。然而,劳德代尔堡的市政官员告诉我们,他们目睹了几个街区居民们因为路障的规划和设置问题而产生冲突和分裂。他们不断强调居民协作的重要性,然而一些街道封闭计划已经造成了部分社区的两极分化,并且使一些现有组织产生了内部分裂。显然,这便是在惠特利高地小区出现的问题。

市中心白人和中产阶级向郊区迁移的情况愈演愈烈,社区营造是保护内城地区的唯一路径。设置路障可以营造出一个个"安全孤岛",这或许能改变人们对内城的负面印象,但设置路障却无法改变居民向城郊迁移的趋势。我们采访到的许多迈阿密的社区正处于准备设置路障的状态。在椰林区,一位坚持要封闭自己社区的街道的居民认为,"设置路障是合乎逻辑的,因为这里的生活质量实在是太差了。"[28]

"安全自治区"代表了一种社区对自己领地的维护,但它包含了多重动机。一些街道封闭式建设是出于便捷考虑,只是为了减轻交通负担。还有一些则是出于对社区名声和排外性的考虑,抑或是出于对房价升值的预期或对新改造空间的保护。其他更多是为了解决实际问题。既得利益的中产阶级社区努力把自己从其他相对贫困的社区中分离出来,这一点是有悖于民主社会的基本共识的。但是,他们保卫社区免遭危险的出发点又是不容否认的。这意味着解决问题必须采取社区公益性的手段,同时达成两个目的。尽管解决问题的方法的有效性仍被质疑,社区组织的建立和各类改造社区行动的发起,被视为具有积极意义的关键一步。

第6章

有路可逃，无处心安

有的人从门禁中寻求的是一种声望、形象和地位；而有的人的诉求则是个人空间；有些人想要通过购买并控制公共空间和公共服务来获得个人空间；还有人想要一个乡村俱乐部，一个娱乐身心的专属场所；另一些人则想保护自己免受犯罪和交通困扰……但所有居民都是想要更好地控制和保护他们的家园、街道和社区。通过门禁、警卫和围墙，他们想要排除外来者的干扰。本章，我们将探讨美国全国封闭式社区调查的结果，进一步研究封闭式社区居民的动机和体验。

门禁之内意味着安全

安全和对犯罪事件的恐惧是最突出的全国性问题之一。近90%的美国人认为犯罪越来越严重，55%的人担心成为受害者，同样有55%的人认为警方保护不力。[1]我们针对业委会理事会的调查结果表明，安全问题同样是那些在封闭式小区购房人群的首要关注点。受访者认为，他们和邻居被保护在了门禁之内。近70%的人表示，在决定入住该封闭式小区前，安全问题是非常重要的影响因素。只有1%的人不那么看重社区的安全性（图6-1）。

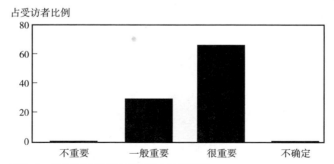

图6-1　安全在封闭式社区选取中的重要性
资料来源：笔者调查，1995年

本次研究中的封闭式社区在某种程度上催化了安保行业的急剧增长。1993年，国家司法研究所（National Institute of Justice）所做的一项研究表明，在安保领域就职的人数，从装备制造企业到装甲押运车司机，是国家执法单位就业人员的三倍。在20世纪80年代初至90年代初的十年中，安保人员的人数翻了一番，甚至超过了警察的数量。在私人保安方面的开支以73%的比例超过了公共执法开支，成为美国全国安保系统开支最高的领域。[2]

居民一再告诉我们，他们希望保护自己免受犯罪威胁，缓解交通压力，自主管理他们的社区。他们认为安装门禁是行之有效的。超过三分之二的受访者认为，他们所在的小区比周边社区的犯罪事件要少，其中，80%的受访者认为是门禁起了作用（图6-2）。

许多开放式社区也存在一些安保措施。全美社区组织行会针对业委会开展的普查（我们对封闭式社区的调查属于其中一部分）表明，除了19%的小区有安装门禁外，另外还有27%的小区有各自的安保措施，例如小区围墙或巡逻队。只有54%的小区没有任何类型的安保措

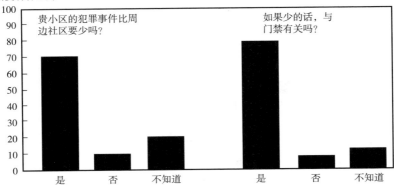

图6-2　闸门对犯罪事件减少的影响情况
资料来源：笔者调查，1995年

施,甚至没有安装围栏。调查中,我们收集了受访者印象中所在小区的犯罪率与周边社区相比较的情况,并结合该小区的安保设施进行分析得出了调查结果(图6-3)。毋庸置疑,安保设施越完善,受访者的安全感越高。尽管有41%来自无安保设施小区的受访者认为他们所在小区的犯罪事件比周边社区要少,但是,有安全设施的小区的绝大多数居民会感到更加安全。有趣的是,一小部分受访者表示,无论采取何种安保设施,他们都认为自己所在小区的犯罪率更高。安全感最高的受访者是居住在配备无人警卫室或有24小时警卫的小区的人,分别为81%和80%的受访者认为他们的小区更加安全。配备非全天警卫的小区和配备遥控门禁的小区的居民中分别有67%和58%的人认为自己社区的犯罪率较低。约有一半居住在无安保设施小区的受访者表示,他们所在小区同周边社区的犯罪率相当,这一数据远远高于其他小区居民的选择。

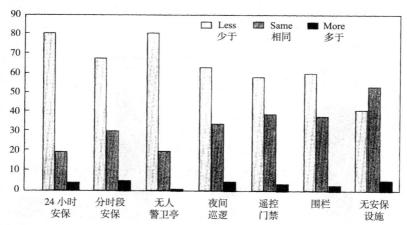

图6-3 安保类型对犯罪率的影响情况

资料来源:Doreen Heisler, Warren Klein, Inside Look at Community Association Homeownership: Facts and Perceptions (Alexandria, Va: Community Association Institute, 1996) p.16。

居民认为安装门禁后安全系数更高的看法是否有事实支撑？如第5章所述，以门禁和路障设施来控制犯罪发生，其效果有好有差。这说明，虽然人们可能会感觉更安全，但事实并非如此。

恐惧和焦虑是会不断放大的。大门和围墙反映出居民的恐惧，日日提醒他们墙外的不安全，然而他们并没有采取任何措施来改变现状。即使封闭式小区内犯罪率较低，城市和郊区的安全情况并未发生任何改变。但当然，门内有的远不止是对犯罪事件的恐惧。门禁反映了经济、人口、社会变动等因素带给人们的焦虑。门禁像一个抵御外部世界的盾牌，使我们不再感觉自己如此脆弱不堪。

一些封闭式社区的支持者认为，这些小区提供私人安保，很大程度上缓解了公共治安的压力，使这些人力物力可用于其他地方。然而，在大多数情况下，私人安保措施会增加对警力配备的需求，而非替代警力的职能。一个很好的例子是，社区巡警并不是警力配备的重点，但在郊区的低犯罪率社区，门禁系统是最常见的安保手段。

但这样并未对门禁之外的区域提供任何安全保障，门禁内外是两套安全体系：付费安装私人安保系统的人们获得更多的安全，而那些不能或不愿付费的市民则得到更少的安全保障。得克萨斯州普莱诺市（Plano）社区服务局主任弗兰克·特纳（Frank Turner）表示，"如果我们坚持认为门禁系统对安全保障十分必要，那么我们就应对所有的新建社区提出安装门禁的要求。不然你凭什么让一部分人使用低一等级的安保措施呢？"[3]

大门之后：社区

我们有理由相信搭建社区围墙和设置门禁会有效加强社区的领地感。封闭式社区的拥护者们通常认为控制进入社区通道以保护他们的领地可以增强社区居民的认同感和安全感,这些对于形成强烈的社区纽带关系至关重要。实体社区具有明确的边界,可以使社区居民明确什么是"我们的",什么是外边的,这类主题在诸多关于社区研究的文献中有所提及。[4]已有的空间边界可以帮助管理社区交往,减少冲突,同时加强地域和所有权的认同,有利于强化社会纽带,同时创造相互依存和交往的平台。

封闭式社区共享业主委员会,这也加强了他们的社区归属感和社区共同行动[5],因之也就具有另外一些共性特征,包括由于住房类型细分后形成的相似的收入水平、兴趣和生活方式;基于业委会的自治体系、交往方式以及统一的管理模式;以及由于共享公共空间、设施、街道、住宅,甚至屋顶和墙壁所形成的经济上的某种相互依存。

社区在本书中既指精神层面上人们时常会谈起的社区认同感和归属感,也指实际层面上人们需要共同参与构建的社区。对社区满意度的研究是一个相对的概念,不应该与社区感情和社区纽带相混淆。满意度不是参与,它只是对一个地区的认同,与归属感不一样。满意度和认同度是人们对一个地区和一群人的单向体验,而参与和归属感代表着真实的联系,是真正社区所需要的双向的互动。

我们的调查旨在衡量封闭式社区居民如何看待自己的小区,以及他们参与邻里社会生活和社区治理的情况。一组调查问题询问受访者对社区的好感度,以及他们如何比较本小区和附近其他社区。大部分受访者认为所在小区比较"友好",但只有8%的人表示邻里之间联系紧密。令人惊讶的是,28%的受访者认为他们的邻里关系是"疏远的或各顾各的"。超过三分之一的人认为他们的社区比周围大多数社区发展更好,而更多的人则认为跟周边社区"基本差不多"(图6-4)。

全美社区组织行会（CAI）在他们的调查中增加了跟我们的研究类似的一个关于社区感的问题，只不过受访者包括住在所有类型小区中的居民（图6-5）。为了排除掉封闭式社区这一住宅样式带来的差

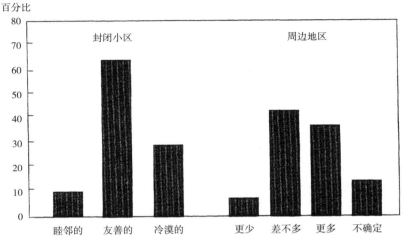

图6-4　封闭式社区与周边环境的感知程度对比

资料来源：Heisler和Klein，《Inside Look》

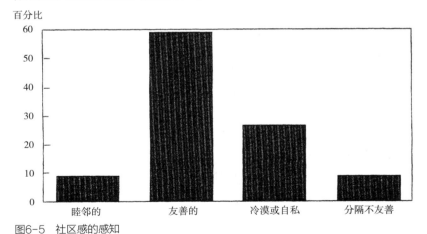

图6-5　社区感的感知

资料来源：Heisler和Klein，《Inside Look》

异，我们对比了封闭式社区的受访者和所有类型私有小区的受访者的全样本数据。[6]来自封闭小区的受访者在某种程度上认为他们的小区要更好；有58%的全样本受访者和68%的封闭式小区的受访者感到他们的小区更加友好；在全样本受访者和封闭式小区受访者中，各有8%认为所在小区的邻里关系是非常紧密的；另有大约1/3的全样本受访者和1/4的封闭式小区受访者对社区的好感度比较低。

这些发现与其他关于社区感觉的研究结果相一致。在加利福尼亚州橙郡，马克·巴尔达萨雷（Mark Baldassare）和乔治娜·威尔逊（Georjeanna Wilson）发现68%的人认为他们住的地方有社区感。[7]这个调查包含橙郡的城市地区和农村地区。他们发现，在城市特征明显的地区，即具有较高比例的少数族裔、人口密度大、城镇规模大的地方，居民具有较少的社区感。其他影响社区居民满意度的因素主要是邻里之间的隐私，以及他们对周边城市地区和社区问题的参与情况。

调查结果与我们对于十几个封闭式小区的定性观察结果相一致。我们发现基本上我们走访的地方都有很高的居住满意度；居民为他们的邻里而自豪，而且通常认为他们的社区是非常友好的地方。这些调查结果表明了尽管大部分的封闭式社区的居民并不感觉他们的小区比周边地区的小区更高级，但是33%的人认为他们更和睦。同时，当对比这些封闭式小区的受访者们和整体样本时，前者中认为其社区感处于"中等"及以上的比例要稍高于后者。我们采访的一些居民告诉我们，门禁有助于帮助识别和了解他们的邻居，使他们感到更安全，在交往中更加开放。

那么，这种比例差异情况是否仅仅存在与对舒适度的调查中呢？（虽然我们知道，舒适度直接决定了居住满意度和生活质量）它是否同样反映社会生活的参与？反映共同的情感和相互依存的社区公众形象？为了检验社区参与这一问题，我们的调查询问了作为小型政府和社会媒介的业主委员会,关注了居民社区参与的程度(图6-6)。被访谈的业委会委员认为社区参与程度明显低于社区感受。仅有6%的居民在参与管治中非常积极;占大多数的受访者(55%)表示他们不积极。而社会活动的参与水平要高于社区治理的参与水平:13%的居民表明他们在参加非治理事务的实际活动中非常积极,例如街区聚会和新居民的欢迎仪式。其余人基本上为"稍微积极"和"不积极",分别为41%和46%。

全美社区组织行会的调研涵盖了封闭式社区和开放式社区,但并未问及相同的问题,所以不能直接比较。然而,这个调查明确了影响社区各类问题的因素排名。其中一个因素是"冷漠/缺乏兴趣",这个因素也会进一步影响居民参与业委会工作的程度。无论在封闭式社区还是非封闭式社区,冷漠都被认为是影响本社区的最为主要的因素(封闭式社区为21%,非封闭式社区为22%)。而在实际造成社区问题的各个因素中,冷漠排名第二,排在第一位的是"不理解规

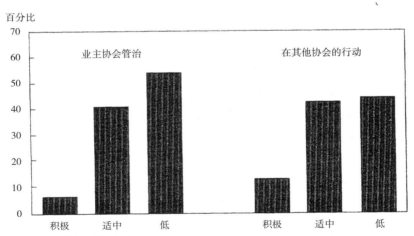

图6-6 公共事务参与程度
资料来源:作者调查,1995年

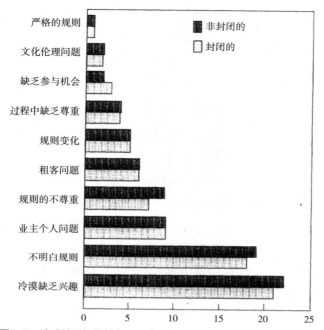

图6-7 造成社区问题的各项因素：封闭式社区与非封闭式社区的对比[a]
资料来源：Heisler和Klein，《Inside Look》
a. 根据业主协会董事会和管理层，其他供选择的因素都只有10%以下的受访者勾选。

则"（图6-7）。另外一个相关的因素是"缺乏参与的机会"，大约有3%的封闭式社区受访者和2%的非封闭式社区的受访者选择了这个选项。相似的是，在两组受访者中，有4%的人表示"业主不尊重程序"是问题产生的一个原因。

在封闭式社区和非封闭式社区的调研中，冷漠的程度和其他涉及的相关问题基本是相同的，甚至在封闭式社区中这种感觉会更高。这些答案看起来似乎证实了我们的分析，虽然封闭式社区有利于居民认同社区的发展，认识他们的邻居，感受到更多的社会交往，但他们本身不产生牢靠的相互依存的关系。

正如我们在第2章所讨论的，研究很少发现业主委员会会带来更高的参与程度和自治程度。一些人认为这是由于"随大流"现象、社区治理结构或程序有缺陷等造成的，也有人认为这是因为公共角色无法基于私权财产充分发挥作用，或者社会普遍缺乏参与的公共意识。[8]不论是什么原因，很明确的是门禁不能帮助提升参与度来克服冷漠。一般来说，这样的问题同时存在于封闭式社区和非封闭式社区当中。

由于封闭式社区具有明显的边界，还有自设的业主委员会、俱乐部或其他媒介建立沟通优势，人们可能会期望封闭式社区中有更好的社区精神和亲密关系。虽然这种模式可能很好地支撑强烈的社区感，但它本身不会创建社区感。基于公认的实体的边界所圈划的邻里社区很容易定义，但是基于共同责任感的邻里社区则很难被创造出来。封闭式社区在创造强烈的集体意识上并没有比其他居住形式展现出优势。然而至少在理论上讲，比之开放式社区，封闭式提供了更好的互动互助和产生合作精神的平台，但是我们没有看到任何迹象表明它们取得更大的成功。

独立空间的局限

开发商们将他们的产品定义为"社区"并非偶然，有的封闭式社区，尤其高端生活品质社区，竭力为居民创造一种社区感。加利福尼亚州棕榈泉附近的沙漠地平线（Desert Horizons）有自己的广告小报《地平线》，"只面向幸运的400位业主发行"。它刊登居民参加社区活动的照片，如节日庆祝和新人欢迎仪式等，还有高尔夫球的技巧指导、公布比赛结果和赛事日历。

在这种刺激社区发展的努力下，跟现存的非封闭式社区相比，似乎并没有创造更多的睦邻环境，以及产生更多的社区参与。加利福尼亚州英格尔伍德市（Inglewood）的石南木（Briarwood）和卡尔顿广场（Carlton Square）（两个约3000人的封闭式社区）就是典型的案例。尽管居民有公共事务机构，投票率也很高，但两者在参与城市事务上都做得十分不够。在社区内部，公共参与明显缺乏。卡尔顿广场小区的业主委员会主席表明每月例会居民出席率很低。一个在石南木小区生活二十年的居民表示该小区"非常、非常隐私，你不知道你的邻居是谁，这就是这里的生活方式。"[9]

"共同利益的共同体"是经常被业主委员会使用的一个词。但如果看看相关数据，这个词就变得很讽刺；公共利益似乎只局限在公共区域、设施和房地产保值的财务责任。但是，这个定义确实也支持了地方主义和自治政府的理念，这是最近由阿米塔伊·埃齐奥尼（Amitai Etzioni）之类的社群主义思想家提出的。[10]

增加邻里之间的团结，强化纽带关系看起来很显然是积极的；事实上，这些是公共生活中公共参与的基础。当然，围墙内的居民认为安全系统使社区更和睦。这些居民认为封闭式社区生活产生更强的社区感，但是没有迹象表明他们参与了更多的社区事务，主要表现在私人情感和公共参与两个方面。封闭式社区内的社会关系的形成主要是基于个人私有财产的保护和家庭生活质量。在这方面，我们的研究结果和其他关于城郊社区的研究结果几乎相同。大卫·哈蒙（David Hummon）发现城郊居民并没有把他们居住的城镇和邻里看成是具有公共关系的共同体并进行社会交往，而是当作私密的、安静的、安全的家庭生活空间。[11]

关于社区问题的另一面是，如何将这些封闭式社区居民的生活拓展到更大的范围当中？他们是否认为他们自身、他们的生活和他们的未来是与社区之外的城市和区域紧密联系在一起的？邻里交往十分重要，但是并不足以推动一个社区或者国家的健康发展。社会交往必须要扩展到邻里层次之外的更大的范围之中，在这里邻里交往仅仅是其中的一部分。

能否不参与更大尺度的社会交往来维持健康的公共和个人生活，或者在个人主义和社会交流中找到平衡，这在美国是个古老的话题。正如托克维尔（Tocqueville）所定义的那样，"个人主义是一种冷静和经过周详考虑过的感受，它使个体独立于群体之外，并且不参与家庭圈和朋友圈的活动；通过这样一种小社会形成自己的品位，这个个体很愿意离开大范围的社会而维持自己的小社会。"[12]

罗伯特·贝拉（Robert Bellah）在其对美国生活中的个人主义和集体研究中发现，在美国这种平衡还没有倒向个人主义的一边，很多人选择居住在周边有大量跟自己相似的人的郊区，满足于仅仅将社区集体的概念延伸到生活方式相同的一个小区。我们在封闭式社区调查的资料和经验明确展现出罗伯特·贝拉和他的同事所描绘出的场景。当时他们访谈了一位郊区居民，这位受访者现在很可能已经搬到了封闭式社区中。当谈及郊区的成长，他告诉那些研究人员："我希望我们在当时（1959年）能买回20英亩的土地，通过护城河把这块土地围起来，河里养着鳄鱼。一个好的社区应该是可以提供给你日常各项购物的服务，但是并不是大型的吸引外面人进来的购物中心。我希望我们的社区可以这样发展，就像一个岛一样。"[13]

封闭式小区为我们提供了一种新的住房模式，但同时也带来了新的社会困境。小区的门和墙的作用是限制社会交往，减少社会交往则意味着社会关系纽带的减弱。就像加利福尼亚州一个受访小组的一个经纪人所说，"这是精英主义的一种形式，这些居民因此没必要通市中心的居民交往联谊"。[14]另一位则观察到一些从奥克兰（Oakland）或洛杉矶（Los Angeles）搬来的居民，即使没有原来那么关注社会问题，也仍然会对大的社会问题较为敏感。很多居民同意她所说的。有人提出,那些从来没住过城市或其他多元阶层杂居地区的居民则根本不会关心这些问题。

其余研究过封闭式社区的人对社区关系都有相似的描述。当奥斯卡·纽曼(Oscar Newman)对圣路易斯市封闭的街道和周边的非封闭式街道进行对比发现,居住在有封闭街道的居民更倾向于将他们的"街区"定义为"沿封闭起来的这条街道居住的住户"。而居住在没有封闭街道的居民中,仅有很一小部分将"街区"仅定义为一条街沿线。[15]

在一个开放的城市,即使有些分隔,但是不同种族、不同收入阶层的人必须相互交流,以共同面对未来。在一些方面,他们学会更重视他人,社会网络就此拓展。在社会隔离的环境下,社会距离导致成见和误解,从而导致恐惧,甚至人们更加远离彼此。我们访谈的一个居民描述到她从来没有离开过自己位于旧金山市中心的办公楼,甚至吃午饭的时候也不离开,因为对街上的人害怕和恐惧。她所在的办公楼位于商场和办公较为集中的街道,在午餐时间,商务办公人士和购物者非常多。但是因为这是一个任何人都可以去的公共空间,她会感到不舒服并且不知道会发生什么。与她在郊区的封闭式社区不同,办公场所的开放已经使本就心里不踏实的她到了杯弓蛇影的程度。

我们的研究检验了理想的封闭式社区的压力和矛盾。封闭式社区的居民,就像是生活在城市和郊区的其他居民一样,对于社区内外的社会联系和责任有不同程度的关注。这些差别主要是在封闭式社区中,居民有私人的街道、娱乐、自治管理以及保安,他们较少需要社区之外提供这些服务,而居住在传统开放式街区的居民则明显不同。因此如果封闭式社区的居民想要远离凡尘杂务,他们不需要付出隔断很多已有联系的代价。

类似的问题也被业主委员会提到。现在的问题是这些微型政府自治的水平以及居民独立行动或者从更大的辖区范围内独立分开的程度。例如，大多数业主委员会禁止挨家拉票并标识"出售"以外的标志。这就意味着候选人、公职人员或政党人员不能召集所有居民进行投票或者发表政治观点。有了门禁，排斥甚至禁绝这些民主活动变得更容易实施。格雷格·亚历山大（Greg Alexander）认为排斥是社区最为核心的困境：

> 有一个持续的风险是这些群体会陷入发展困境。如果一个集体存在独立自治的单元而不与其他人群接触，小圈子的生活方式会加剧，而不利于解决目前的异化问题。为了实现自己的潜力而创造社区，需要一个集体必须保持足够的义务不仅仅是遵守自己的内部的意愿。集体必须接受公民的义务来维持其社会性。这就需要更加开放和对话。集体存在一定边界并不会妨碍对话可能会发生，甚至有时候这种对话需要基于边界。但是，这个边界不应该是实实在在的围墙，这样并不会形成对话的环境。[16]

亚历山大所指的是法律的围墙，而不是实体的，但他的观点对两种围墙同样适用。

并非所有的封闭式社区居民都认为自己完全掌握了社区事务和生活，尽管他们看似拥有基础设施和领地的控制权。例如，在得克萨斯州欧文地区的卡顿伍德瓦利小区（Cottonwood Valley），即使无子女的受访者也关心本地区的学校中少数族裔占多数的问题，因为他们看到自己和周围环境之间的联系。在马布尔黑德（Marblehead）的峡谷湖小区和其他的封闭社区内，小区围墙漏洞百出，使居民不能不认识到本小区再不是世外之地。

但在我们在美国各地访问的封闭式社区中也有例外。大部分居民认为他们成功阻碍了外界的困扰。这种向私有政府和社区发展的倾向会导致碎片化，而且导致社会联系的缺失和相互负责的社会契约的丧失。几乎在不知不觉中，这些社区居民中的社会意识开始发生变化；他们更常从纳税人的角度看问题而不是从公民的角度。

纳税人向政府交税，然后得到政府的服务。独裁体制下的国民需要做的也与此并无差别。纳税人以及自视为纳税人的人没有做的，甚至想都没有想过的，是参与治理。在民主国家，这个词非同寻常，自治的人们自己创造生活，相互加强联系。[17]

在封闭式小区和私人区域，居民对小区的定义是门禁以内的地区。业主委员会的会费类似税款；他们对社区的责任范围到社区大门而结束。尽管这种不管外界的情况在封闭式社区中是常见的，但是考虑到社会作为一个整体，门禁和围墙是向外界传递这种责任的空间边界的信息。一个得克萨斯州普莱诺（Plano）市的官员总结了对封闭社区的看法："我履行了我的责任，我在这里很安全，我有我的门卫；我已经缴纳了业主委员会会费，从而对我的街道负责。因此，我没有公益责任，因为管好自己的事情就可以了。"[18]

封闭的国度

在开始着手这个研究项目之前，我们就像第一次进入到封闭式社区的人一样毫无头绪，但事实是在很多方面都令人惊奇。比如在封闭式社区内它的发展与其他现代住宅地区的发展竟然极为相似。他们的居民与其他开放式小区居民也几乎没有不同，另外竟然只有少数人选择住在封闭式社区。我们访谈的大部分人对于住房和区位的选择主要是基于其他原因，甚至一些人是偶然住进封闭式社区的，而并非因为特别的原因。即便这样，就像调查结果所反映的那样，对于大多数人而言，门禁已经成为重要的和受欢迎的特征。

我们对于这些围墙也感到惊讶，它们非常容易被穿过。我们第一次假装居民进入社区的时候很担心会要求我们出示身份证明。然而，很快地，我们习惯了这种方式，我们很容易进入社区，这主要取决于门卫的判断：只要是西装革履，开着好车就很容易被放进社区。在无人看守的大门，我们了解到跟随前车进入社区也很容易。在一个远程控制的大门，一位居民在出口处甚至停下来告诉我们进门的号码，礼貌地省去了我们请求主人帮我们开门的麻烦。

安保机制在美国已经变得无处不在，从写字楼到机场，我们已经对这些变得麻木。尽管我们变得更加急躁、缺乏尊重、更善于避开其所带来的不便，但也越来越多地依赖安保系统，布置更多的警卫、栅栏和安保设备。

我们询问了人们如何看待封闭式社区，以及居民、规划者、开发商和城市政府对封闭式社区的想法。在大多数情况下，它们被认为是理所当然的。公开辩论还不普遍，除了在街道封闭的情况下。封闭式社区在南加利福尼亚州和其他地区已经成为文化景观的一部分。规划界才刚刚开始着手解决周边封闭社区的各种问题。大部分居民只是将门禁看作适应和反映他们的生活方式和保护他们财产价值的许多设施之一。在选择住房的时候，门禁对于大多数人来说是次要的，但是却是积极的、要考虑的因素。大多数人说，他们从来没有真正想过靠门禁守卫他们的街区，但接受参访的每个人，甚至包括那些对门禁具有复杂感情的人都认为，如果让他们投票，他们会选择保留门禁。

我们分析了封闭式社区居民的经验和态度，以及他们对边界认同的范围和程度。封闭式社区的调查对象表明，他们比那些业主委员会的受访者具有更高的、更好的社区感觉。当然，定义边界的封闭社区似乎有助于居民产生更多的认同感。在我们走访的一些地区，门禁的背后安全让居民感觉到可以更自由地走动，更放心地与邻里交往，但其他报告没有这样的影响。在我们的实地考察和进行的小组访谈中，发现大多数的社会交往发生在共同兴趣爱好者之间或者同一街区内。

我们还讨论了封闭式居民对于公民权的行使，他们自认为隶属于一个更大的群体的程度以及他们和外界联系的程度。我们几乎没有发现对外界充满敌意的迹象。至少在一些情况下，门禁是作为和外部社区和市民隔离的符号。但是总的来说，那些封闭式社区的居民很少考虑到对于外界其他人来说他们住房选择的结果。有些人远离一切，并不愿意与其他市民分享他们的资源。其他一些人十分关心当地的学校系统，以及当地的慈善机构志愿者。我们还发现居民害怕和回避他们所住的城镇和地区，他们宁愿待在自己的社区围墙之内。封闭式社区居民可能在其他方面无法显著优于其他人，但是他们有门禁设施允许他们得到自己想要的距离感，而开放式社区居民则没有。

我们已经看了许多不同种类的封闭式社区以及人们选择居住在其中的原因。有些人是想保护自己在家门口不受到犯罪侵害，另一些则害怕有一天犯罪会发生在自己的街道上。一些人想要声望、形象和地位。一些人想保护隐私。一些人想要通过购买和控制公共空间和服务，使其私有化。一些人想要一个乡村俱乐部，一个他们可以享受自己喜欢的娱乐方式的空间。一些人正试图寻找一个社区，希望有门和围墙，将里面居民很好地凝聚在一起。所有人都想控制他们的家园、街道和邻里，从而让自己不再那么弱势。

但是，我们的国家、我们的城市、我们的地区、我们的邻里是一个整体是什么意思呢？门禁将我们引领向何方？在一个地方看到有大门就意味着美国到处都是大门，在那里大门是常态而非特例。

在南卡罗来纳州的海岸，希尔顿黑德岛（Hilton Head Island）里面有蜂窝状的封闭式社区，由于周围有这么多的私人发展项目，虽然迫切需要，但建设一条跨岛公路基本不可能。在加利福尼亚州科切拉谷（Coachella Valley）的城镇连绵区，棕榈泉所在地，到处都是大门和围墙。沿着高速公路123，四车道的主路穿过山谷，道路两侧都是围墙，只有空置土地和商业带将这种连绵打破。

在加利福尼亚州橙郡，自1980年代以来，建有大量的封闭式社区，沿街有大量围墙和围栏，到处都是大门。对于不熟悉这种现象的司机来说这实在是惊人的。穿过这个居住区的道路就像高速公路一样，完全被围墙所包围。在高速公路上还有较多的出口，但是在这里，仅仅有一个回家的大门。

封闭式社区居民寻求安全，但更广泛地说他们寻求控制。他们想要控制犯罪和交通。他们想与陌生人，破坏、入侵等的人和物隔离。他们想要隐私、稳定、平和和熟悉。他们想要保持他们的经济现状和对家里的投资。所有这些动机都是可以理解的和有效的。但是封闭式社区产生的问题已经超过他们住在里面的效益。在下一章，我们关注封闭式社区扩散所产生和反映出的更大的社会问题。

第7章
唯愿天下大同

美国越来越倾向根据收入、种族和经济机会把人划分三六九等。可以毫无疑问地说，门禁的浪潮产生了诸多的城市问题。隔离、歧视、排斥、保护的动力在20世纪下半叶诱发了巨大的人口和社会变化。之前的郊区化源于人们对于怀旧平静的小镇生活的追求，以及对工业化所产生问题的逃离。在20世纪中叶，郊区的扩展成为中产阶级逃离住在内城的穷人和少数族裔的重要方式。

今天，人们对怀旧的追求像以前一样，一系列问题压在我们的大都市区，社会隔离仍是美国人亟待解决的问题。在郊区，门禁是郊区化的原动力和逻辑延伸。在城市里，一些大门和路障被称作是"尽端化"（cul-de-sac-ization），这个概念体现了设计目标，尽可能像郊区的尽端路一样的城市道路模式。门禁就是试图将我们的城市郊区化并且强化这种郊区的模式。

封闭式社区是底层社会关系紧张的象征。当与种族和经济隔离，收入极化，土地排斥等相结合时，封闭式社区的象征性影响更加严重。我们的住房选择比经济选择更复杂。这象征着我们希望什么样的家庭和社区，我们不希望什么，我们看重什么和我们担心什么。本章分析了大趋势，以及在封闭式社区兴起的背景下，种族、贫穷、犯罪、恐惧和郊区化的问题，然后着眼于对于门禁的公共讨论。

隔离的居住区：分化和破碎化

在美国隔离空间主要是由人种和收入所决定的。人种不是推动力或唯一因素，而是由人种、收入和区位共同决定的。[1]毫无疑问，美国已经与1940年代和1950年代明显不同，在那时，郊区的中产阶级住房遍地开花。国家更加多元，更多的少数种族以及有更多的来自第三世界国家的移民。在20世纪之初，美国公民一共有7600万，其中88%

是白人。到1950年，人口翻了一番，达到1.51亿，其他人种比例几乎与白人相同。但是，1995年，有2.63亿人口，白人人口已经下降到74%。年龄结构也发生了变化，在1900年，65岁以上的老年人口仅有4%，在20世纪末，为13%。据预测，到21世纪中叶，美国人口可能达到3.83亿，白人的比例下降到53%，老人比例攀升至20%。[2]

类似的人口趋势可以从大量封闭式社区的都市区看出。大量的国外移民和持续增长的下层人群正在改变大都市区的面貌，如洛杉矶、迈阿密、芝加哥和纽约。

随着这些人口结构的变化，越来越多的贫困及经济结构调整产生了显著的错位现象。郊区化已经改变了我们的大都市地区，中心城市失去它们作为文化和商业中心的地位。但是，郊区也在发生变化。在大都市地区，贫困和经济不平等不再局限于内陆城市。正如洛杉矶地图（图7-1）所描绘的那样，逃去郊区并不能保证一定可以躲开城市中心区的贫困现象。

洛杉矶地区是大都市空间隔离的新原型，在那里贫困不再集中在中心城区，有明显郊区化的趋势，而且扩展范围越来越远离城市中心。大门和围墙的需求也随之产生，并随着新的社会变化而发展。即便是以前非常成熟，现在是"好"的郊区也有自己的社会结构问题。郊区变得像城市一样，很多人称其为"外城"[3]。很多地区产生诸多问题，而这些问题通常只认为会出现在大城市。特别在老化的内环郊区，关注的不再是城市外溢所产生的问题，而是相同的问题。

除了要防止犯罪，郊区县市正在努力维护老化的基础设施，以支持日益增长的社会服务需求，同时也要支持提供高标准的学校。作为边缘城市的"中心"面临交通拥堵、犯罪和空置，就像中心城市一样。[4]对公共服务的抱怨不再局限于大城市。结果是，从城市的迁移已经需要加上从周边郊区的迁移了。多年来，大都市区的形态越来越

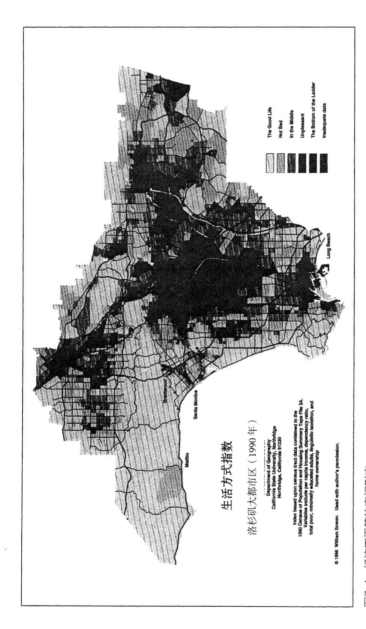

图7-1 经济不平等的空间形态

资料来源:W.A. Bowen, *Selected Statistics and Comments Concerning Poverty in California and the Nation* (Department of Geography, California State University, Northridge,1994).

像是甜甜圈的形态了，生活质量降低，人口持续外流，造成中心城市的空心化。现在，郊区的内环也面临城市问题，离开城市中心区导致了城市空心化的向外扩展。

在美国巨大的人种分异和收入差距影响了各种族人群和各阶层人群。正如安东尼·唐斯（Anthony Downs）所说的，讨论经济隔离主要是"非穷人和穷人之间的冲突干扰了他们之间的团结意识的锻造，特别是因为他们大多生活在不同的街区"。他认为，穷人和非穷人之间缺少理解和合作，产生了"由于城市或者国家经济衰退所造成的相互损害"。[5]

分隔导致隔离

排他性分区制、限制性条款等新旧手段都曾被用来划分公民的种族和阶级。类似地，门禁和围墙意在通过分隔来形成和维持生活质量和财产价值的稳定性。任何人只要愿意付出相应的价格，都能入住一个封闭式社区，而且此类小区的房价在各个档次都有。但是，选择住在门禁、围墙、栅栏后面的人们拥有类似的动机：通过分离实现保护。门禁社区在某种程度上是贫困和犯罪问题的一种反映，这与美国城市的种族问题密不可分。

白人大迁徙（White flight）并非往事。即使在今天，邻里中种族混合的白人和黑人依然呈现出巨大差异。雷诺兹·法利（Reynolds Farley）的研究指出，黑人倾向于居住在能够完全融入的、黑人人口占一半以上的社区，而大部分白人只能容忍极少数黑人的存在。[6]黑人比白人更坚持将"融入"作为一项重要的社会目标，因为他们认识到经济效益和社会资源更倾向于流向白人的区域、白人的学校和工作场所。

种族杂居仍然是潜在的社会紧张的根源之一，尽管迁入郊区的少数族裔数量剧增，郊区的种族隔离也并没有减少。[7]在1980年代，非裔美国人在郊区居住的数量增长要快于在市中心的增长。但是，尽管少数族裔的郊区化快速增长，隔离的状况却依然如故：郊区的大部分有色人种都集中在近郊及老制造业工厂附近。[8]例如，在芝加哥，和许多大都市一样，内环郊区正在吸引着越来越多的少数族裔和外来移民。1980年代，搬离近郊库克郡（Cook County）和迁出芝加哥市的白人几乎同样多，而非裔美国人和拉美裔美国人则迁入两地。[9]社会排斥和种族隔离仍然令人不安。种族隔离的整体水平可以用相异指数（dissimilarity index）来衡量，相异指数是指为达成某一区域内混居人口的平均分布而需要交换彼此居住地的黑人或白人的比例。这个指数虽然比过去有所降低，但仍然畸高。在拥有最大的黑人群体的30个大都市区，隔离的相异指数在1970年为80.9，在1980年为75.4，在1990年为73.3。[10]

隔离不会随着收入的增加而减少。在相同的30个大都市区，非裔收入达到50000美元或以上的平均相异指数为79。[11]南希·登顿（Nancy Denton）指出，许多美国大都市区不仅仅存在隔离，而且存在超级隔离（hypersegregated）。她表示，在五项衡量族裔隔离的指标中，黑人族群在四个指标中都体现出被隔离的情况：（这5个维度包括）相异（不均匀）指数（dissimilarity [unevenness]）、隔绝指数（isolation）、聚集指数（clustering）、集中指数（concentration）和集权指数（centralization）。"从这些数据得到的唯一可能的结论是，'超级隔离'仍然存在，且几乎所有在1980年代存在超级隔离的大都市区都在恶化。我们为反对居住隔离所做的努力是远远不够的，而且在许多情况下都行不通。"[12]

隔离通常被认为是种族方面的，但当然也有经济方面的。在美国全国和都市区范围内，贫困人口被隔离的程度要远低于黑人族裔被隔离的程度，但是自1970年以来，种族隔离有下降的地方，经济隔离则会增加（见表7-1）。任何种类的隔离都有多种负面影响：地理、社会和经济上的孤立会导致机会变少、贫困的聚集以及经济衰退抵抗力变差。隔离和孤立不仅仅来自社会的其他成员，也来自工作条件、公共服务资源和学校教育资源的分配。道格拉斯·马西（Douglas Massey）、南希·登顿和其他人认为，种族隔离造成并保持了这些社区效应，从而成了黑人长期处于下层阶级的首要因素。[13]类似地，乔治·加尔斯特（George Galster），艾伦·艾布拉姆森（Alan Abramson）等人指出，种族和经济隔离的居住方式是造成"机会分区"（geography of opportunity）的原因，严重不利于少数族裔和穷

部分大都市区的贫困人口和黑人的隔离情况（相异指数） 表7-1

大都市区	贫困人口的相异 1990年	变动 1970—1990年	黑人的相异 1990年	变动 1970—1990年
亚特兰大	39.6	−0.2	67.8	−14.3
芝加哥	49.8	8.3	85.8	−6.1
达拉斯	37.3	−1	63.1	−23.8
洛杉矶	34.9	3.8	73.1	−17.9
迈阿密	31.3	−1.9	71.8	−13.3
纽约	43	5	82.2	1.2
旧金山	36	3	66.8	−13.3
华盛顿	38.1	0.9	66.1	−15

资料来源：Alan J. Abramson, Mitchell J. Tobin, and Matthew R. VanderGoot, "The Changing Geography of Metropolitan Opportunity: The Segregation of the Poor in U.S. Metropolitan Areas, 1970 to 1990," Housing Policy Debate, vol.6, no. 1 (1993), pp. 4572; and Douglas S. Massey and Nancy A. Denton, American Apartheid: Segregation and the Making of the Underclass(Harvard University Press, 1993), p. 222.

人。¹⁴克劳德·费希尔（Claude Fischer）和他的同事们认为，一系列的国家政策（包括那些强化居住隔离的政策）制定了塑造个人经济成功机会、扩大贫富差距的"游戏规则"。¹⁵

那些感觉受到贫穷和有色人种恐惧威胁的人们有两种选择：就地构筑防卫或迁移到有安全感的区域并加强防卫。富人在理想的位置（在海上或者市中心附近）安家，可以加强所在区域的防卫。同样地，没有资源的工薪阶层和中产阶级的人们只好简单地关闭他们的街道或设置围挡。而所有阶层的人都越来越倾向选择迁移到近郊或远郊安全性较好的新建封闭式社区。

与此同时，封闭式社区可能会增强人们的恐惧。丹尼斯·贾德（Dennis Judd）提出，"新建封闭式社区处处设置安保，反复地暗示着内部居民，围墙之外的世界是危险的。"¹⁶

安全通常是"逃离城市"势不可挡的理由，即使美国全国的统计数据表明，极少有中上层阶级白人曾经遭遇过暴力犯罪。尽管如此，由马克·巴尔达萨雷（Mark Baldassare）开展的橙郡（Orange County）高收入郊区的年度调查显示，44%的居民害怕成为犯罪受害者；39%的人担心在公园遭遇犯罪；31%的人担心在商场遭遇犯罪。一项时代周刊和美国有线电视新闻网合作的（Time/CNN）的民调发现，89%的美国人认为犯罪情况正在恶化，其中55%的人担心成为犯罪的受害者。¹⁷

城市所面临的犯罪和阶级问题可以从《芝加哥论坛报》（ChicagoTribune）所做的关于人们迁出芝加哥的动机调查（图7-2）中看出一斑。《芝加哥论坛报》系列报道中的访谈十分典型，可以说是任何大都市的缩影。有一位受访者说，"我想要一所富丽堂皇的房子，院子里面没有穷人。"另一个说，"我们为这一切感到筋疲力尽，交通、停车困扰、噪声、犯罪、缺乏安全感，还有肮脏的街道等等，

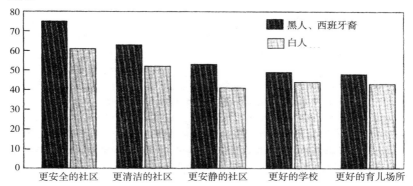

图7-2 人们离开芝加哥的原因

资料来源："Reasons for Leaving," Moving Out series, *Chicago Tribune*，December 1, 1993.

我们并不觉得芝加哥市是一个安居的好地方。"[18]

恐惧是一种强大的力量，可以战胜一切。事实上，除了青少年团伙暴力以外，最严重的犯罪的发生率有所下降。[19]然而，对在自己的社区或家中成为犯罪受害者的恐惧，促使人们采取更多的防御性措施。由于美国人口的转变，郊区未能真正使人民的梦想成真，未能使人们远离犯罪，摆脱贫困，城市服务依然不足，人民鲜有安全感。普遍的感觉是犯罪变得更加随机，所有陌生人都成为危险源，没有地方是安全的。将社区封闭起来至少在心理上缓解了这种恐惧，并提供了受控和稳定的假象。它还令那些买得起封闭式社区住房而拒绝分享公共服务和公共空间的人心安理得。

社会交往与社会契约

没有社区会永远是一座孤岛。但是，社会和人口统计数据表明，美国社会正在被割裂,都市区在空间上正在变得越发支离破碎,因种族、阶级及土地价值造成的隔离越发严重。[20]这种碎片化在更大的尺度上遍布全美国。

一个影响都市区人口变化的主要原因是移民的流入。自1940年以来移民的来源发生了巨大变化:当时70%的移民来自欧洲,到1993年,这个数字已经降至15%,而来自拉丁美洲和加勒比地区的移民占44%。[21]其中,那些封闭式社区率先扎根的州也成为外来移民最多的州(加利福尼亚州和佛罗里达州),它们也是目前封闭式社区最广为分布的地区。在20世纪80年代前所未有的移民潮多数集中在七个州:纽约州、新泽西州、伊利诺伊州、马萨诸塞州、加利福尼亚州、得克萨斯州和佛罗里达州,这个过程呈现出显著的白人外流现象。面对剧烈的人口变化,白人正在逃离整个州和地区。[22]封闭式社区迅速增长的其他州,如亚利桑那州、俄勒冈州、华盛顿州和内华达州,越来越成为出走的加利福尼亚州白人的目的地。区域封闭化是这一趋势的体现,是全社会向移民、少数族裔、贫困人群、犯罪和社会不稳定性关上大门的一个具体隐喻。

在关于加利福尼亚州达纳波因特市(Dana Point)(该市约有三分之一面积是封闭化管理的)种族矛盾的一篇文章中,作家戴尔·马哈瑞吉(Dale Maharidge)讲述了文化冲突与恐惧如何结合并固化成封闭式社区:"如果你倾尽毕生所有买下梦想的家,邻居却突然变成危险分子,你将如何是好?即使是自由主义的拥趸也不会对街头命案无动于衷。如果你是一个勤劳、守法的移民,只想赚点儿钱改善生活,而其他的人想要你滚出去,你将如何是好?"他认为问题在于"好人不能够理解彼此。"[23]

白人和中产阶级逃离城市、近郊,甚至整个州,筑起围墙用以保护那些居住其中的人,留下贫困社区越来越远离城市土地、劳动力和社会市场，并与整体社会福利日益隔离。越来越多的证据显示，少数族裔自身的空间隔离使弱势群体能得到的机会越来越少。[24]约翰·凯恩（John Kain）是空间歧视影响力研究领域的先驱，他认为住房市场的歧视导致的种族隔离是中心城黑人就业率低的一个主要原因。[25]威廉·朱利叶斯·威尔逊（William Julius Wilson）的研究强化了这一观点，认为"这些人缺乏持续的社会接触和人际交往，也没有主流社会机构代表他们的权益，因此他们更难找到工作，更难建立起职业网络人脉。"[26]

封闭式社区在不同的种族、文化和阶层的人们之间形成了另一个障碍，这会加剧社会网络建设的困难，而社会网络的形态决定了经济和社会机会的分配。住宅区总是能够通过歧视和住房费用排除一些潜在的居民。有了门禁和围墙，被阻挡在外的可能不只是不受欢迎的新居民，也包括那些偶尔经过的过客以及附近街区的居民。门禁是排外的一个可视性标志，对于那些已经自命超然于主流社会环境之上的人来说，也是一个强化身份的信号。

虽然我们试图让调查对象的封闭式社区尽可能地体现出种族多样化，但实际关注的六个区域中没有一个是非裔、亚裔社区，只有一个是拉丁裔社区。我们确实在个别受访小区中见到了部分非裔美国人，但他们显然处于极少数。封闭式社区表现出的隔离首先是经济上的，但种族和阶级与我们的社会属性密切相关。封闭式社区本身并不造成歧视及住宅区的隔离，但受经济和社会机会不均等的影响，居住格局上会体现出这种隔离趋势。

各人自扫门前雪：排他性政策

封闭式社区的存在屏蔽了犯罪、交通或陌生人，也锁定了其经济地位。对社区更大的控制权意味着房产价值稳定性更高。正如在第一章讨论过的，没有任何证据表明，开发商建设封闭式社区比非封闭式社区更能够掌控价格溢价或者更能保值。尽管如此，认为门禁有助于增值和保值的观点依然盛行，许多居民和房地产经纪人都认为门禁确实有积极的影响。比如，加利福尼亚州附近的社区组织请愿关闭他们所在的街道，并预计其房产价值将在十年内涨幅高达40%。[27]

门禁背后锁定的种族地位和公平性合乎道理，但结果可能会影响到他们附近的邻居。在得克萨斯州普莱诺，封闭式社区的反对者声称，封闭式社区会使其相邻社区的房产价值降低5%。[28]有人担心一个区域中排除的犯罪中的至少一部分会转移到邻近区域。一旦门禁为其内部居民削减了交通量，车都会转移到外面的街道。

街道路障和门禁可以通过拒绝公众通行，改变公共街道简单的日常用途，如停车场和午后散步。他们阻止小朋友们骑行穿过；他们拒绝女童子军销售饼干或玩"不招待就使坏"的恶作剧者（trick-or-treaters）。而且，门禁和路障不仅影响社区分区，也影响一个城市或区域的其他公民。他们将游说者和竞选者排除在外，从而限制了民主进程。门禁使得通往海岸线、海滩、公园变得如此困难，以至于那些公共资源基本上已沦为私人占有的领地。

除了门禁之外，排他性分区、抑制增长政策，以及其他政府行动，也是控制邻里和临近辖区相同的空间这种趋势的有效体现。这些政策法规是居住排斥的补充模式。他们导致了种族和收入分离的格局。这种隔离的模式表现为房屋价值的清晰代理、社区质量，及其输出价值的其他元素。[29]

虽然我们没有发现任何证据表明，门禁会自动增加或有助于房产保值，但人们对这一观念的认同成为导致它们如此迅速蔓延的一个重要原因。同样地，对房产价值损失的日益担心，重塑了土地利用规划工具，并引发了减缓人口增长和维持高地价和房价的土地管理工作的新高潮。例如无增长分区策略（No-growth zoning policy）不仅是土地使用制度的一种，也严重影响了一系列住宅构成的政策。土地利用政策被用于限制低收入群体进入一个城市。当公共部门和私营部门的隔离和歧视性做法相结合，并以此来降低经济适用住房的联邦资金，严格的土地使用制度便不只是用于保护既定的都市区内的机会地块的地价和房价。正如雷宾（Rabin）所言：

  这些不同的政策和活动在对于穷人的经济隔离和结构隔离的性质和强度方面的影响有很大的不同。一些政策在开发的空间分布上施加强大影响；一些在开发的性质上施加影响；而另一些则在开发的利益上创造条件。必须承认的是，这些公共政策不成比例地增加了白人离开中心城的机会。[30]

  这些"地盘之争"通过封闭式社区戏剧化地显现出来，成为土地利用规划中一个令人不安的趋势。由于一些公民自发地划分为均匀的、独立的细胞，他们与更大的政体和社会的联系减弱，我们可能会看到解决地方政府、区域问题面临着越来越大的阻力。随着他们在物质上和心理上与变动中的国家更加疏离，公共领域大规模的公民独立和退出正在潜移默化地增长。正如一位市民在康斯坦丝·佩林（Constance Perin）关于美国生活社区和地方的研究中所说："看，你必须了解，郊区的普遍感受就是恐惧，让我们面对这一点。基本的情绪感受就是恐惧。对黑人的恐惧，对人身伤害的恐惧，对孩子遭受毒品侵害的恐惧，这些被认定为黑人问题，此外还有对所有城市病的恐惧。他们以为迁移到郊区是一种逃离，其实，生活在哪都一样，在现实中他们并没有逃离，他们只是在自己的观念里逃离了这个问题。"[31]

  随着老旧内环郊区出现的城市问题，恐惧愈发蔓延。正如同封闭式社区之于种族隔离，它们不是大都市区分裂和冲突的诱因。相反，它们是这些社会大趋势的体现。在宏观层面上，境况较好的郊区城市和社区努力争取保持自己的地位，这正如房主和房产开发商在微观层面所做的一样。

争议中的门禁

门禁对于周围的人和场所所产生的象征性的或是明显的、社会层面的或是物质层面的影响，是产生争议的原因。政治代表、公务员和公众需要同时考虑这个新的住宅模式的狭义和广义后果。在市政官员和规划师中，大多数都像棕榈泉（Palm Springs）的规划师一样，认为封闭式社区是理所应当的，这解决了他们面临的实际问题，如交通流量、审美需求以及应急车辆通道。[32]当我们开始研究这个课题时，鲜有地方能够脱离这些关注点。然而幸运的是，越来越多的城镇和城市都在认真着手对门禁及其影响进行评估。

自从认识到门禁会引发冲突，许多地方都举行了听证会，并为封闭式社区的批准制定准则，尤其是那些经过改造创建的封闭式社区。比如，针对从加利福尼亚州拉古纳尼古尔（Laguna Niguel）到路易斯安那州杰斐逊教区（Jefferson Parish）的公共街道、城市和郡的围栏和门禁，有关方面设置了有关交通影响的规定和社区认同。通常，有关方面会要求75%或80%的绝对多数居民必须同意实行门禁，但一些城市，如得克萨斯州的达拉斯，要求100%的居民同意。有时当一个社区首次请愿关闭街道时会引发争论；有时当市议会或规划部门意识到门禁的数量增长速度过快时也会引发争论。

因为大多数情况下，地方批准开发商的门禁作为标准审批程序的一部分，通常会涉及街道路障和公共街道的私有化，从而导致长时间的争议和单独条例的制定。只有少数城市具有管理门禁的法律条例，甚至更少的城市会管理开发商对门禁的建设和改造。然而，关注各种类型的封闭式社区的城市数量持续增长。1995年，加利福尼亚州圣迭戈和俄勒冈州波特兰市，开始启动关于门禁的城市政策。其中率先行动的是得克萨斯州普莱诺，一个北达拉斯边境郊区。

普莱诺是一个拥有近20万人口的快速发展的城镇，它的第一个门禁社区出现在20世纪90年代初。市议会越发担心并暂停门禁制度，直到可以讨论该问题并起草一项政策。委员会担心交通循环、邻里关系、社区安全、门禁形象以及过于集中带来的问题。市政府对于构想普莱诺会成为什么样的城市展开了讨论。

由于众多普莱诺公民的参与，委员会在该问题上存在分歧。安·琼斯（Ann Jones），一名委员会的成员，同时也是一名房地产经纪人，她告诉我们，她认为"人们应该有能力经营他们选择的任何一条街"。不过，她接着说，"它提供了安全的假象，但尽管如此，当您听到驾车枪击这一类的新闻，很难认为门禁会不利于消除一些安全隐患。"[33]最后，普莱诺的怀疑者获得了胜利：1994年通过的指导方针中提出对于今后开发的社区，如果已有三面环水这样的自然屏障，那么社区要建设大门就会受到限制。当时，只有一个普莱诺未开发的场所符合这个描述。此后，在得克萨斯州的凯勒和南湖，至少其他两个镇都暂停了当地关于封闭式社区的诉讼。[34]

这些政策和条例是地方政府采取的富有成效和富有远见的步骤，特别是在大量的公共投入开发的情况下。规划应该被用来为当地编织一个框架，正如我们所看到的，门禁会造成很大的影响，涉及交通、犯罪、公共服务及社区凝聚力。当现有的社区请愿私有化街道时，这些问题是最显而易见的，但是一个新的门禁分区被提议时则需要仔细考虑。我们的研究强调，各地需要认真仔细地考虑封闭式社区周围的诸多社会问题。

本次辩论在城郊门禁和路障的拥护者和反对者中同样反响热烈。在惠特利高地，人们的迁出是由于在区域门禁的博弈中失利。在迈阿密海岸（Miami Shores），很多居民的离去是因为路障的设置，因为他们被安置在了别人的街道上。

还有许多热心的观察者反对门禁兴起的趋势。在洛杉矶，许多人都反对街道封锁，并预测路障和入境许可证的未来，其中包括市议会女议员丽塔·沃尔特斯（Rita Walters）。美国俄亥俄州克里夫兰市的原规划总监诺曼·克鲁姆霍尔茨（Norman Krumholz）曾警告说，这样下去城市会有割据化（balkanization）的潜在可能。[35]还有人质疑对城市或地区的整体效应不加考虑而保护限定区域的做法。还有人担心这会增加种族隔离和种族主义动机。俄亥俄州布尔里奇的规划师历克西·麦卡洛克（Lexy McCulloch）说，规划委员会反对有"分裂主义"倾向的门禁，并要求它们至少拆除一个开发项目。她还担心私人街道上不太严格的通行权和居民未来可能会要求城市接手昂贵的街道维护工作。[36]达拉斯的一个焦点小组成员发表了明智的评论："我对于封闭式社区的怀疑在于，今后的20年、30年会发生什么？它们会得以维持吗？如果历史重演，沿着这条路，将会产生一个中等收入区、一个低收入区，其维护很可能会衰退。我们为什么要创造一个封闭式社区？十有八九，这只是为了让不同种族或不同收入的群体排除在社区之外。"[37]

在洛杉矶、亚特兰大、芝加哥、萨克拉门托等城市，提议街道封锁方案和封闭式社区的重要战役已经在法院和市政厅开战。在堪萨斯州威奇托市，当公共街道分支机构向市议会请愿在入口处安装路障和门禁时，关于门禁的争论便开始兴起。一个叫盖特伍德（Gatewood）的分区，其入口处已经有了一个警卫室，晚上有人值班，有摄像系统记录所有进入该开发区的车辆牌照。因为街道都是公开的，通行不能被阻拦，但它可以被监控。门禁旨在提升监测能力。居民将不得不遥控门禁；非当地居民将不得不停车或者按下一个按钮，此时另一台摄像机可能正在拍摄他们的脸。

都市区规划委员会、交通委员会，以及公众参与办公室被要求投入使用。所有的投票都建议市议会拒绝门禁许可。规划署认为，"门禁是城市将自己认定为一个'公民协会'（CivicAssociation）还是'飞地集合'（a Collection of Enclaves）的象征。"报告中指出，"一方面，当公民的'后院'范围产生变化威胁到他们的利益，他们就会叫嚣着要保护个人利益，但另一方面越来越难以找到热心公益的公民为宣传栏和业委会服务，来处理涉及更多人利益的社区问题`。"[38]一个投票给"建议批准"的规划委员会成员，认为不用外界来告诉盖特伍德居民做什么，尤其是当他们齐心协力采取行动改善他们的社区时。另一个反对者说，虽然社区行动是积极的，"社区有各种各样的事情"可以做，"而不必自设门禁与社区的其他部分隔离。"[39]

反对门禁的组织和个人表达了一系列的争论，这些争论从法律层面和官僚制度到社会层面和哲学层面。常见的关于公民局限性的陈词大致如此："我爱这个社区，我想保持它的清洁、绿色和开放，你不能坐在门后对这个世界嗤之以鼻。我已经见过足够多的酒吧和门禁持续了几辈子。"[40]有些人明确知道作为公民社会的一员意味着什么，看到门禁在公民之间构成了分割："这种想法是分裂的。这种提议是用门禁构筑城中之城。我没有与普兰特市（Plant City）的其余部分分离，我也并不想这样。"[41]

作为CAGE（Citizens against Gated Enclaves，抵制门禁造成的飞地的市民）的一员，社区组织也开始对洛杉矶惠特利高地展开了长期的诉讼，并提供了有力的反对声明，表达了封闭式社区如何放大差异，而不是创造共性及建立不同类别的公民社会："它在表达'待在外面',也在表达,'我们很富有,你们却不是,这个门禁应当将我们区别对待。'"[42]

我们的案例研究详细揭示了门禁支持者的地位。他们的理由是每个人都希望在一个住宅社区享受到的一连串东西:安全、和平、宁静及私密性。他们认为,他们对自己环境的控制权凌驾在他们的大门与周围的街道之上,他们认为,没有人有权阻止他们行使控制权:"物以类聚,人以群分,他们有权利这样做。如果这对于社会是一个问题,那就是如此。需要严密的安全感的人们希望集聚在一起,那是他们自己的事。"[43]

门禁的居民和支持者否认种族主义、精英主义和分裂主义的指控。他们说,他们只是关心自己的家园、他们的家庭和他们的社区。而他们不容置疑地对自己选择的封闭式社区感到满意。一个新建封闭式社区俄亥俄州代顿市五棵橡树(Five Oaks)小区中的一名居民为此欢欣鼓舞,"交通几乎为零。夏天里我的妻子和我坐在我们的走廊里,由衷感到'这是仅次于乡村生活的美好'。"[44]

街道不分昼夜的安全性、家中的财产安全、良好的服务和基础设施,这些属性应当是所有公民平等的普适权利,这也是封闭式社区所尝试提供的。但究其原因,涉及全球力量、国家政策及长期资金不足,且我们的聚居地和城市无法提供基本的生活质量。我们不能因为美国城市的问题责备封闭式社区的居民,以及他们为减少这些问题对自己和家人的影响所做的努力。不过,也有其他的方法来达到同样的目的。我们将在第八章中考量一些替代性选择。

第 8 章
共建美好家园

在全美国各地的封闭式社区，我们经常听到人们说希望重回自己的社区。他们想要安全，他们想要安静，他们渴望安全感。即使没有明说，但是人们也希望社区如此；当人们觉得自己身为一个有社区意识的住宅区的一部分时，他们是高兴且骄傲的。鉴于这些愿望，对于那些设置门禁、门卫、栅栏、墙体和混凝土路障的行为就情有可原了。那些物理上的安全措施似乎提供了保护和安全感。虽然也有分隔社区、鼓励私有化、发送排斥的信号的问题，相比之下这些似乎已经是很小的代价了。封闭式社区的一些居民告诉我们，他们的首要义务必须是照顾他们的家庭、他们的建筑物、他们的社区，之后才是担心世界的其他地方。

然而城市和郊区的门禁仍然存在替代方案，可以帮助阻止犯罪，控制交通，构建宜居社区。

没有一种犯罪或交通的管制方法是完全成功或者始终合适的，我们提出的这些替代方案并不是万能药，而是一种策略，用以实现一些与封闭式社区同样的目的，而避免建立社区和邻居之间的障碍。与此同时，这些替代方案有助于建立那些以共同的价值观和社区关系为基础的社会关系。我们对于社区的定义包括情感上的"私人"社区，共享使命和目标的"公共"社区以及对社区事务的参与，我们探讨的替代方案致力于构建其中的一两项。

由于社区也是健康的城市和地区的基石，我们也尝试提供一些想法来提升当地社区以外的地区。这些措施包括为城镇、社区和地区解决问题的新的设计原则。良好的社区不仅仅对个人很重要，对社会和国家亦是如此。

创建更好的社区：预防犯罪

为了帮助减少和控制犯罪，警察、犯罪学家、城市规划师和建筑师已经开发出一系列的物理性设计策略，这些安全策略被称为"基于环境设计的犯罪预防"（CPTED）。他们包括可以创造或促进能够制止犯罪发生的非正式性社会行为的物理性设计，也包括采用物理性屏障或者技术性监视等的定向强化策略（军事术语，指对薄弱环节加强配置）。"基于环境设计的犯罪预防"（CPTED）通常是利用锁、门闩、围栏、铁丝网、大门以及看守等方式，但首要的原则是强调通过影响社会行为来实现。

其核心思想是建立可保卫的空间，即一个可供邻里间的社会组织制止犯罪的物理空间。这些物理性的设施均是为了促进联合防卫，而并不是直接地对抗犯罪。奥斯卡·纽曼（Oscar Newman）很好地解释了"可保卫的空间"这个词语，简·雅各布斯（Jane Jacobs）等人推进了与其相似的理论[1]。正如纽曼所说，这个理论是基于以下三个命题：

领地（territoriality）：人们倾向于护卫的他们自己认为的属地的空间范围；

自然监督（natural surveillance）：观察一个地方越容易且观察者越多，越多的犯罪则会被制止；

可视特征（image）：能够吓阻犯罪的可视特征。[2]

领地是可以十分简单且明确地对较小的集体识别出的空间范围，而非广阔的公共空间；自然监督可以通过安置窗户、灯光、景观等元素实现；而可视特征则表明了一个地区受到关注和养护，如消除涂鸦、营造"室内有人"的标志、明确划分边界等。

谈到封闭式社区，就会谈到领地观念和可视特征应用两个概念。但封闭的表现形式并不包括可保卫空间及基于环境设计的犯罪预防（CPTED），开发商建造的品质生活型社区和高端身份型社区鲜有被定义为保卫空间。保卫和保护是不同的概念，围栏并不是自动地建立了一个可保卫的社区。然而，在一个安全的区域，封闭式社区的设计有时体现了保卫的意图，小区大门也通常被认为具有组织社区、实行法律、组织社区保安队、清理涂鸦文化的隐含功能，即封闭式社区符合社会性指向的保卫空间的方式，并可对减少犯罪产生影响。

可保卫空间能够强化社区。在郊外的封闭式社区若仅仅采用定向强化的手段，可能也能起到保护邻里的效果，但依靠的是物理设备或围栏，而不是社会管控。当邻里间依赖技术设备或雇佣门卫来维护治安时，会削弱（而非强化）他们之间的联系，使得每个人丧失对邻里治安的责任感。

开发商构建的封闭式社区，尽管我们有时能够在邻里间看到一些或多或少的联系，但我们很少能看到相互之间的责任感及信任感。通常来说，人们能够察觉到邻居很友善，但很疏远。佛罗里达州的一个年轻律师告诉我们，在小区的一个圣诞宴会上，他和他的妻子不认识任何人，而且觉得也没有人认识他们。类似的，住在加利福尼亚州黑鹰社区的一对夫妇，发现尽管通过网球和高尔夫俱乐部促进了交流，但他们仍然觉得没有和别人真正的走近。社区内邻里间的必要互动正在消失殆尽，在封闭式社区，雇佣的保安、俱乐部组织者和其他物业服务公司代替了精神层面的责任感。

然而，除了雇佣保安和筑建围墙，加强安全和预防犯罪还有很多种方法，表8-1列举了"基于环境设计的犯罪预防"（CPTED）中对于加强社区安全的多种策略，其中很多都是单纯通过配置硬件的方法，还有一些是依靠执法或者警卫部门，"基于环境设计的犯罪预防"（CPTED）还提出了加强社会关系的互动的思想，所以一些策略是依靠社会关系以及邻里间的组织。配置硬件的手段被认为是能够触发社会机制的方法，一般与社会性策略共同实施。使用定向强化手段，如围栏、围墙、大门和保安队等，诚然是一种方案，从建立社区的观点出发，这些设施或许能够提供建立一个居民区的基础，但他们本身无法确保一个真正意义上的社区的形成。正如我们讨论过的，这些手段也可能消除居民对邻居的个人责任感，因此反而可能会妨碍社区的形成。

表8-1中列举的社区建设策略或许可以被独立采用，也可以与硬件定向强化策略以及加强执法策略共同采用。这些策略把人们聚集起来，鼓励邻居之间彼此守望，同时注意周围的环境。格尔达·维克勒（Gerda Wekerle）和卡罗琳·惠特曼（Carolyn Whitzman）曾讨论过关于"安全城市"的方法，即指将硬件配置和居民参与相结合，抵抗犯罪，减少恐慌。有关"基于环境设计的犯罪预防"（CPTED）中提到的"领地"概念，他们指出，"鼓励'领地观念'的目的并不单单是由物理性设计完成的，同时也是让人们参与对其领地的规划、设计和管理的各个环节中。"[3]此外，社区建设策略在提高安全性的同时也提高了生活质量，例如，在一个"邻里守望"项目中，居民巡逻队是将邻居们聚集在一起，该项目建立了一个安全屋，可以为社区的孩子们提供帮助，通过这个项目，社区中的邻居们可以相互认识，从而判断哪些是陌生人和可疑的行为，孩子、青年和成人的参与可以增强社区的自豪感和归属感。

与譬如围栏、大门和保安等这些可以花钱购买和委托别人来管理的物品不同，所有的社区建设策略需要花费时间，需要管理和监督，需要后续跟进，而这些任务常常最后落在不堪重负的社区志愿服务者身上。在一些社区，对于志愿工作者负担太重的问题有些人已经提出了一些新方法：聘用一位全职或者兼职的社区主任，最好是社区内的成员，能够协调各人分工。警卫部门是无法完成全部工作的，因此来自各地的教会、业主委员会、商人协会或者其他组织可以把钱投入到社区领头人身上，鼓励其牵头预防犯罪和组织志愿工作，而不是投入

预防犯罪策略[a] 表8-1

策略	硬件手段	管理手段	治安手段	社区手段
监视				
增强室外照明	×			
减少视觉盲区	×			
设置警卫亭	×			
安装监控摄像	×			
雇佣保安队		×		
成立邻里守望队				×
成立居民巡逻队				×
安排警察巡逻队			×	
设立领地空间	×			
启动客厅计划				×
启动安全屋计划				×
成立社区警卫队			×	
管控				
封闭街道或为街道安装大门	×			
设立围栏或围墙	×			
提供护送服务		×		
了解邻居				×
动机强化				
加强外部布置	×			
布置个性化空间	×			
使用安全码		×		
提供教育项目				×
鼓励居民参与				×
提升警察与社区的关系			×	

来源：Allan Wallis and Daniel Ford,《基于环境设计的犯罪预防》(华盛顿特区：国家法律学会，美国司法部，1981)

a. 斜体字为社区建设策略

到那些硬件上。⁴

在华盛顿特区的"快乐山"社区（Mount Pleasant）是一个融合了黑人、白人、拉丁裔人和亚裔移民的工薪阶级的社区，在这个区域，犯罪是一个由来已久的问题，在1991年的种族骚乱和1993年一系列的枪击事件之后，居民们被动员起来。当地居民开始定期和警察见面，邻里守望计划也开始启动，为了鼓励居民为提升社区品质作出努力，社区举行了大规模的街坊聚会。一位居民告诉记者"我们想要自己管控我们的社区，我宁愿让社区群众聚集起来，而不是离开。"，另一位居民说，"尽管快乐山发生了很多事情，但我们依然在一起，这些磨难让我们更坚强。"⁵

"基于环境设计的犯罪预防"（CPTED）提出的社区建设策略，是为了重建这些社区和几十个小镇的过往社区的社会秩序。在这些社区中，人们彼此认识并保持警觉，街上有很多眼睛，顽劣的青少年和图谋不轨的罪犯发现很难躲避这样的监视。门锁、围栏和大门可以警醒居民，但是对于小城镇或者是稳定的城市社区，随着安全性的提高，一个牢牢编织在一起的社区可以消除疑虑，提高生活质量。

创建更好的社区：交通控制

交通是促使社区建造大门和围栏的第二大原因。居民不喜欢噪声和通过交通的干扰，他们会担心在街道上玩耍的孩子们的安全，而且车辆的出入口也会给罪犯进入和脱逃的机会。因此，为了控制交通，人们尝试了很多措施。

减速带及弯曲街道等是较为传统的方法，更新颖的方法包括抬高过街人行横道的高度与人行道齐平或抬高交叉口，其效果等同于减速带以及具有更小转弯半径，这些方法可以降低行车速度从而增加安全

图8-1　慢化的街道：科罗拉多州胡桃谷（John M. Fernandez）

性，减少噪声。其他方法在让社区更加便利的同时也能够控制交通。现代城市规划专家对郊区小区和城市社区的社会环境及物理环境改造的观点中都包含了这些方法。

街道设计新视角的核心思想就是交通静化、街道整合或共享街道。其思想来源于20世纪60年代的欧洲，之后便广泛传播，并在荷兰、德国、英格兰、丹麦、瑞典、日本、以色列、瑞士和澳大利亚得到应用。[6]近来美国正在实施。[7]

共享街道的思想较为简单：将生活性街道打造成综合性的空间，不仅可以为司机服务，同时也能被行人、居民和儿童使用。街道的设计必须符合交通量的需求，并采用交通静化措施。为了降低车速、减少视觉影响，共享街道设计得较窄，并增加曲线或采用"之"形线。街道不再采用人行道，道路表面也不再使用沥青材料，取而代之的是砖石或鹅卵石路面，同时信号控制适用于行人和车辆，路内停车空间用树木或其他景观进行美化，街道要设置长凳或其他街道小品。

在没有通过交通的生活性街道，没有必要设置25英里/时的限速，5英里/时的限速较为适合，并设置停车区和车库出入口。有些街道设计成排队街道：道路宽度仅能允许1辆车通过，以至于司机必须降速、转弯。许多设计和材料被用来保护应急车道，使街道更加安全和错落有致，成为居民自己前庭花园的扩展地。

欧洲共享街道的研究指出共享街区儿童娱乐活动更多而几乎没有交通事故。[8]无论街道是一条真正的共享街道，还是仅仅包含一些共享街道的元素，取决于车辆、居民和行人的实际需求。无论对车辆减速措施的需求怎样，都能根据不同的需求程度将街道细分成共享街道之外新的小类，这种分类也基本适用于现有城市网络的街道。

在20世纪90年代，一些北美的城市已经引进了共享街道的理念。科罗拉多州的博尔德（Boulder）已经修建了包含共享街区的开发建筑，城市也正在应用共享街区的模式，重修街道设计标准以响应共享街区的模式。新墨西哥州的圣达菲（Santa Fe）、俄勒冈州的波特兰（Portland）也重新审视了新的设计标准，华盛顿州的奥林匹亚和加拿大英属哥伦比亚的温哥华也开始采用新的设计标准。[9]

街道统筹设计也会对预防犯罪有助益，共享街道增加了公共空间，从而促进了更多的社会交流和街道监督。同时，圈定领地和传递信号增强了居民的主人翁意识，使得这些空间成为可保卫的空间。更重要的是，共享街道起到了跟街道路障一样的效果，但并没有封闭出入口。大门和路障被用于封闭街道、减低车速并控制过境交通。慢行街道也能起到类似于大门和路障这样的作用，但并不是排他的，并且还有促进非正式的社会管控、提高社区积极性等额外作用。

社区建设与可持续社区

在房地产行业,"社区营造"(Community-building)是一个很火的概念,其内涵包括了从有大门的"社区"到被称作"你的新故乡"的整个经过规划的城市。由尔湾公司(the Irvine Company)建造的规划小镇开启了这个风潮。他们采用了"埃比尼泽·霍华德的花园城市"中传承的实体设计,并向我们展示了实体设计和规划的影响行为以及如何影响当地居民的感受。这些城市或郊外的新小区的设计,都希望能够使居民亲近,而不是使他们觉得疏远。相似的,社区的重新改造或简单的升级也可以强化社区概念。规划师、建筑师以及居民正在建立所谓的可持续的社区。

可持续社区关注环境、社会公平、公众生活和私人生活等,可持续的概念是因为它们并不是简单地满足居民的要求,同时也考虑居民的下一代甚至两代人未来的需求。霍尔马克(Hallmarks)的可持续设计包含了更紧凑的开发布局、环境保护、公众参与设计与实施、服务平等化、关注全社区、设置可聚集人的公共空间以及可增强归属感的分区。[10]

封闭式社区很少能够满足这些目标。它们缺乏弹性,并强调条目严格的协定、条件及规约,这使得有韧性的再利用变得困难甚至不可行。意图通过物化过去来保护未来,封闭式社区采用围墙、保安来预防犯罪,而并不是通过应用整体的解决方法来鼓励全社区参与共同抵制不利要素。封闭式社区没有采取某些策略来获取和维持充足的教育、就业和公共服务等基础的城市目标,而这些正是预防犯罪的关键的首要步骤。[11]与富人区不同,它们最多包含了仅对部分会员开放的私人娱乐设施和俱乐部，组织一些范围较狭窄的活动，但这些无法满足全体居民的需求。

在一些个体和一些地区中，我们发现了一个更加开明的观点，在加利福尼亚州这样规模较大的封闭式城市峡谷湖市，城镇管理者致力于实现社区的整合，寻找社区参与问题的解决办法。然而，大多数封闭式社区都是被封闭和隔离的郊外单元，这些蔓延无序、缺乏联系的环境造成人力和物力资源的浪费，割裂了社区间的联系，使得固有的社区结构分崩离析。支持可持续化社区观点的人认为，社区封闭抹杀了能够使社区持久不衰、值得回忆或者获得关怀的很多要素。

可持续化社区的一个显著特点是新传统主义，致力于再创传统美国小镇的最高水平。在郊区，较为悠久的设计传统是鼓励步行友好，加强社区联系，营造小镇风貌。[12]传统的美国小镇街景没有任何路障设施，私人化的目标是通过空间的层次来体现，例如建造狭窄街道、树木、类似门廊的半开放前庭空间，通过社会管理的街道监控机制来实现安全性。居民仍然是由收入和种族被区分开，但至少他们之间可以彼此交往并且共享公共空间。

菲尔·兰登（Phil Langdon）是一位大众熟知的城市作家和记者，他把新传统主义定义为通过公共交通、公共空间，特别是公民意识和公众责任感组织起来的街区之间的联结、民用和商用的联结，和收入阶层和房屋类型的关联。[13]皮特·考尔索普（Peter Calthorpe）、安德烈·丹尼（Andres Duany）和伊丽莎白·普莱特伊贝克（Elizabeth Plater-Zyberk）都是新传统主义建筑领域十分著名的建筑师和规划师，他们的作品有几个共同的特点：多功能混合使用、步行者友好的公共空间，他们的设计唤起了对传统的情怀。[14]

新传统主义、新城市主义、可持续社区运动为我们指明了封闭式社区并不合适且存在缺陷，每个人都想要一个团结的、活跃的社区，

图8-2　网格化的道路系统（C. Benton）

享有归属感和邻里间的亲切友善。然而，人们搬入郊区封闭式的社区或者将自己所在的城市社区封闭的原因无外乎几个考虑：担心当前的生活质量、犯罪和对街区、交通的控制力以及儿童的安全问题，而对于排除陌生人、警惕罪犯、控制交通量和车速在安全范围内，门禁似乎是十分有效和直接的方法。

新传统主义的拥护者反对封闭式社区，皮特·考尔索普认为，在美国城市和社区中，封闭式社区促成了公共空间与私人空间之间与日俱增的不平衡性：

封闭式社区或许是扩张的私人空间和逐渐消失的公共空间这种趋

势的最露骨的表达。从形式角度讲，它代表了分隔以及悲哀的恐惧感，这也成了一个基于差别化和容忍性乡村的潜台词；从政策角度讲，它表达了对私有化的愿望，这将减少政府提供公共服务的责任，取而代之的是私人化的服务：私人学校、私人娱乐组织、私人公园、私人道路甚至是准私人的政府；从社会角度讲，房屋的堡垒代表了本身会成为事实的预言，人们越是变得孤独，他们就越不喜欢分享，越会感觉到恐惧。这种程度的私有化在市场上是一股强大的力量，将会直接关系到房产开发行业和土地利用的模式。[15]

批评家质疑新传统主义的可行性，包括依赖于物理性设计促进社会行为以及增加社区活力、减少环境压力到达的程度。尽管如此，我们仍然可以从新传统主义的设计原则上学到很多，它创造和重建了邻里关系，使之更加和谐、友善、安全和充满生机。这种改变重振社区零售商店，促使草坪更加开放，建造房前的门廊和房后的车库，使街道更窄但绿树成荫、对步行者友好。这些思想都关注提升城镇和社区品质，建造那些不再复制过去错误观念的建筑。它们为解决城市和郊区问题提供了答案，而不是依赖于门禁和围墙等冰冷的设施。

从更好的地区到更好的社区

我们的城镇和社区存在于区域都市经济体系中，它们造就一个地区反之也被这个地区影响和塑造，自20世纪80年代以来，城市中心人口在下降，但大都市区的人口数量和城市地理规模却在急剧增长。这一区域结构调整的结果在各大城市都是一样。郊区不愿意与大城市合作或共处。在很多大城市都发生了这样的变化，相比大城市，郊区更不注重合作和联系，它们承担了自己的市政保障，拒绝与邻近郊区、周边的大城市和更大的区域体进行合作，由于郊区差异化愈发明显，老旧地区衰退，卫星城扩张，郊区间以及郊区与城市间的竞争和矛盾与日俱增。就职于国家郊区建设主管部门的马克·巴德塞（Mark Baldassare）指出，这样的趋势将产生几点重要的后果：

未来富裕的、有组织的郊区社区也将会提供比其他社区更优质的服务并吸引更多的财政，居民也将会搬到这些更"成功"的地区，这使优质地区更加发达。地位、物资和服务的不均等性进一步扩大，一些郊区社区的品质将全面提升，而其他地区将下降。在郊区生活和工作的方式将比是否住在郊区本身更加重要。[16]

为什么这对我们认识封闭式社区很重要呢？因为对于所有封闭或不封闭的社区，它们的最终目标都是一致的：控制交通、消除犯罪、捍卫经济地位以及维持稳定的生活质量。在个体家庭层面，是否封闭化只是一个理性的选择，但从城市、区域乃至国家的角度来看，封闭化并没有解决问题的根本。

我们必须面对贫穷、不稳定的社会秩序、低下的市政设施与服务等这样的问题，而不是逃避问题。如果我们忽略了我们所在的社区，那么我们的邻里、街道、住宅和家庭就不会是安全的。一个地区整体的结构和健康程度决定了经济和社会水平以及我们所有居民的生活质量。区域的视角是要承认没有一个社区或是地方区域是可以单独运行的，一个社区的物理性设计以及开发的土地利用模式对其他地区都能产生影响，社区、城镇和城市共同组成了相互依存的区域。

尽管我们可以辩证地看待对立双方的观点，但是我们认为，要封闭一个住宅区或者街道前必须要通盘考虑整个公民社会。封闭交通或者抵制毒品或许在短期内能够使社区平静，然而它也将让人们丧失对解决这些问题有效方法进行探索的兴趣，长远来看，这些问题还会再次出现。同时，没有人应该承受令人无法忍受的交通负担或是地方犯罪，必须提出有效的方法加以制止。整个城市都要参与到是否对街区进行封闭的决策中来,因为更多的人承受了大门和路障建造的实体性和社会性的负担。这些决策不仅需要本地区的意见,其他被隔开的其他区域的利益也纳入到此类决策的考量中。

在其著作《美国都市新愿景》(New Visions for Metropolitan America)中,安东尼·唐斯(Anthony Downs)呼吁社区的地区性精神。他指出"没有哪个行政区是一座岛,每个郊区都连接着中心城市和其他郊区,因此制定政策若不考虑被政策深深影响着的居民的福利,那么政策的制定在道德上就是不合理的。"因为我们将居住的社区和责任定义得太狭窄了,他总结说"这个情况违反了独立宣言中关于民主的基本原理(独立宣言提出'政府的权力是从公民对他们所管辖的赞成中获得'),每一个能被公共政策所影响的人都有权力在决定这个政策过程中发声。"[17]唐斯将社区定义为一个有地理范围的实体,也是一个拥有社会责任感的存在。封闭化、日益严格的管控或其他形式的社会隔离都将造成并掩盖社会和经济的分离。而越来越明确的一点是,在都市区层级上采取相应行动,可以减少精神和形式上的压力。

在美国几个地区的地方委员会(COGs),如旧金山湾区的地方委员会(the Bay Area Council)和大匹斯堡的阿勒格尼会议(the Allegheny Conference),正在关注更广泛地与区域开放相关的社会和土地利用问题。这些机构查验区域需求,为了整个地区的利益制定新的联盟。俄勒冈州波特兰的一个区域性交通系统的沿线已经产生了较有活力的社区,在枢纽站周围步行范围内开发优质的社区。非政府机构旧金山的桥梁房屋公司(BRIDGE Housing Corporation)为旧金山湾区的居民建立了新的居民小区,为区域性解决策略的有效性提供了新的证明。[18]所有的工作的目的都是一个:将本区域内政策的、社会的、经济的核心竞争力整合起来,从而使区内各地都能获益。

然而，如果联邦政府层面对于城市发展没有承担起进一步的任务，那么无论是地方性还是区域性的解决策略都无法完全获得成功。由于地方政府的作为或者不作为，贫穷和不平等可能会恶化并长期存在，但它们也是由国家甚至全球的经济力量所形成的，这些只能由联邦政府来解决。20世纪80年代和90年代，华盛顿州在包括居住、医疗、教育在内的反贫困计划的实施方面的投入已经大大退步。没有一个以增加机会和减少贫富差距为目的的全面经济政策，地方政府的努力或许难有成效。[19]

分久必衰

本书不单单讨论空间的封闭，也讨论人，人创造了空间，小区设置大门，实际也是人与人之间竖起了一道门。随着美国经济和社会的发展，大门、围墙和保安应用得越来越广泛。这些门是真实存在的，但它们也是一个虚拟的象征：封闭式社区是意识形态深处抵制美国梦的战场上被保护起来的空间。

20世纪60年代，丹尼尔·帕特里克·莫伊尼汗（Daniel Patrick Moynihan）写到非裔美国家庭的数量在下降，并将家庭结构描述为价值观的传承和美国经济体系的切入点。[20]虽然非裔美国人公开谴责莫伊尼汗对非裔家庭混乱秩序的描述，但他在美国黑人社会经济进步方面提出的问题是预见性的。如今，莫伊尼汗在他的作品中提到的当时的家庭结构几乎在美国任何族裔的家庭中都很难再见到了。

随着家庭的破碎，社区显得越来越重要，美国人不再期待或者相信家庭是个人与社会间坚固的、有效的、可靠的纽带。当代的社会哲学家、领导者和作家都在呼吁要让对社区的信心成为国家新的基石。[21]在一个高流动性和碎片化的国家，社区成为传播价值观、建立责任感和为职工和居民提供社会网络的锚固点。正如迈克尔·沃尔泽（Michael Walzer）所说的一样，"社区本身也是一种商品，并且很大程度上来说是市场上销售的最重要的商品；虽然社区本身并不以分发的形式销售给居民，而反过来吸引居民入住，但除此之外它具有商品的其他种种属性。而入住社区的居民，不能仅是进入而已，还要在精神和理念层面融合进来。"[22]

社区重新成为一个全国性的词汇是因为几乎没有其他力量能够使民众联系在一起了。安东尼·唐斯说："从长远来看，美国必须要强化它继续作为一个社会统一体的基础，要强调社会稳定性、减少关注个人需求。[23]但是社区形成的途径与它形成的目标一样重要，正如我们所见到的，我们怀疑新的封闭堡垒式的住宅区模式是否将成为我们所追求的民主的理想目标之一。"

社区是美国政治神话和传统中的一部分，从新英格兰的城镇会议到美国边境的谷仓高地，传统概念上的社区认为个人生活为当地发展前景，将不可分割地联系到他们的城市、地区和国家中。我们必须保护我们的社区因为它们是民主社会的必要基础。然而通过设立大门和警卫来保护房屋和财产有悖于社区建设的初衷。需要保护和保存我们的物质和精神资源，保护精神上相互支持、可共享社会关系的社区，而不是那些象征着分离主义的符号。

目前美国的问题是国家能否克服掉内部的分隔，创造一个跨越种族、阶级和文化的社区，一个真正平等的民主社会。在恢复社会秩序前，我们必须先恢复对更宽广社区的理想，这才能带来舒适，使每一个美国人致力于整个国家的社会安宁。

对公民和公众生活的社区化理想开始破裂，这种损害随着私有化、碎片化和地方主义的强化而加剧，封闭式社区的阻隔象征了社区碎片化边界的扩张。人们对社会中其他人的需求在降低，而阻隔交流的围墙在扩张。

民主某种程度上是基于相互关系和公民集体,而社区跨越人与人的差别,把个人联系到了一起,组成城市、地区和国家。我们试问,如果没有社区支撑公民权利的实行,国家能够存在并繁荣昌盛吗?如果社区分崩离析,在社会上、政治上、经济上相互对抗,国家能够完整吗?

1936年,富兰克林·罗斯福总统发表了一番关于美国需要一个命运共同体的影响深远的谈话:"对某些年代的人,命运给予了他们太多;对另外某些年代的人,命运从他们身上索取了太多;而我们这一代的美国人已经和命运达成了某种默契。"艾瑞克·高曼(Eric Goldman)对此作了进一步的演绎,他说:"在很大程度上,社会变革是美国的心脏和灵魂。在人类历史上,唯有美国奉行这样一个信条:个人与命运的默契就是对美好明天的承诺。[24]解决好我们该如何共同生活这一根本问题,就是在兑现我们与命运之间默契的承诺,也只有这样,才能让美国成为更好的家园,迎来更好的明天。"

当私人领地和排外区域成为主流,当邻里间互相联系和彼此支持的基础消失殆尽,我们必须要自问:基于公民权和社区精神的美国式民主是否还有出路?亚伯拉罕·林肯曾说:"一室之中,一檐之下,倘内部不睦,则难以为继矣。"同样,一个国家如果不能实现自己的理想,也很难屹立于世界民族之林。如果不能消解人们之间所有的围墙与隔阂、偏见、无知、贫富分化与社会不平等……我们就无法实现民主理想。人们必须推倒心墙、打开心门,敞开怀抱去拥抱一个多元的祖国。唯其如此,分割社区领地的墙、阻碍人际交往的墙、弱化社会契约的墙才会相继倒下。

附录

业主委员会调查

以下题目在1995年全美社区组织行会（the Community Associations Institute, CAI）的普通调查中使用。调查通过邮件的形式发送给全美国范围内大约7000个全美社区组织行会的会员，被调查者包括社区居民和社区选举的代表。这些问题作为单独的一部分，仅面向封闭式社区居民。

1. 你认为安全问题在选择你要居住的小区的最后决定中有多重要？
   ——不重要
   ——有些重要
   ——非常重要
   ——不确定

2a. 你怎样描述你所居住的小区中的社区感？
   ——邻里联系十分紧密
   ——友好
   ——疏远/私人化

2b. 和你所在的地区的其他社区相比，你会说：
   ——邻里间交流更少
   ——差不多
   ——邻里间联系更紧密
   ——不确定

3a. 你怎样描述当地政府在居民社区中的介入程度？

——很活跃

　　——有些活跃

　　——不太活跃

　3b. 你怎样描述当地捐助组织（如社会或慈善组织）在居民社区中的介入程度？

　　——很活跃

　　——有些活跃

　　——不太活跃

附注

第1章

1. 封闭式社区的具体数量未知。由于封闭式社区数量在急速增长,国家或州层面的数据缺失,甚至业委会组织的确切数量也不明,所以要了解封闭式社区的具体数量非常困难。这里的估算是根据社区组织行会估计的业委会数量。社区组织行会估计1952年有150,000个业委会,每年增长10,000个,则1996年约有190,000个。根据社区组织行会,所有业委会组织中有52%由街边的独立式或多层住宅构成。参考最近我方参与的一个关于社区组织行会下属业委会的调查,19%的业委会设有门禁。也就是说其中有18,772个新建住宅区符合我们对封闭式社区的定义。调查中保守估计有166个封闭式社区单元,则里面就有约3,116,000户家庭,乘以平均每家人数2.7,就有840万人口。这个数据可能偏高,因为加入社区组织行会的新社区越来越多,但同时这里没有算上因街区衰败减少的人口数,这个数字也是很可观的。

2. Rowland Parker, The Common Stream (London: Granada Publishing, 1976).

3. Oscar Newman, Community of Interest (Garden City, N.Y: Anchor Press/Doubleday, 1980).

4. 关于数据算法,具体请查阅第一条附注。

5. 来自马耳塔·波桑尼(Marta Borsanyi)、罗伯特·查尔斯·莱塞(Robert Charles Lesser)等人的访谈,1993-11-27.

6. Jim Carlton, "Behind the Gate: Walling Off the Neighborhood Is a Growing Trend," Los Angeles Times, October 8, 1989, sec. I, p. 3.

7. Data from Residential Trends, cited in ibid.(Previous Note)

8. David W. Myers, "Today's Home Buyers Older Than in 70s," Los Angeles Times, June 17, 1990, sec. K, p. 2.

9. Andrew I. Kaplan, "Gatehouses in Demand at New Housing Complexes," New York Times, May 12, 1991, sec. 12, p. 1.

10. See Charles Hayes, "City Enclaves: Self Contained Neighborhoods Dominate New Development," Chicago Tribune, June 12, 1993; Jim Sulski, "Security Is a Safe Way to Sell New Residences," Chicago Tribune, May 6, 1989, sec. 3, p. 3; Douglas A. Blackmon, "Well-to-Do Say Development Builds Barriers," Atlanta Constitution, December 17, 1992, sec. E, p. 1; and Deborah Royston. "Home Security Systems Are Growing in Popularity," Atlanta Consti Tution, July 7, 1991, sec. H, p. 3.

11. Michael Southworth and Eran Ben-Joseph, Streets and the Shaping of Towns and Cities (New York: McGraw Hill, 1997).

12. Robert Fishman, Bourgeois Utopias: The Rise and Fall of Suburbia (Basic Books, 1987), chapter 2.

13. Robert A. M. Stern, ed., The Anglo-American Suburb. Architectural Design Profile (New York: St. Martin's Press, 1981).

14. Kenneth Jackson, Crabgrass Frontier: The Suburbanization of the United States (New York: Oxford University Press, 1985).

15. Stern, ed., The Anglo-American Suburb, p. 19.

16. Rosabeth Moss Kanter, Commitment and Community: Communes and Utopias in Sociological Perspective (Harvard University Press, 1972), p. 54.

17. Stern, ed. The Anglo-American Suburb.

18. James Boswell, Boswell's Life of Johnson (London: H. Frowde, 1904).

19. Jackson, Crabgrass Frontier.

20. Christopher B. Leinberger, "Suburbia" (Robert Charles Lesser and Co., 1993).

21. Carlton, "Behind the Gate."

22. 来自封闭式社区的国家级顾问斯蒂夫·哈维尔（Steve Harvill）在得克萨斯达拉斯的访谈，1994-11-29。

23. Interview with, , December 12, 1994. 来自阿瓦达开发公司（Avatar Development Corporation）的艾米·塔内尔（Ami Tanel）的访谈，1994-12-12。

24. Harvill interview.

25. Evan McKenzie, Privatopia: Homeowner Associations and the Rise of Residential Private Government (Yale University Press, 1994). McKenzie details Howard's rationale for the physical, economic, and social organization of the planned new town.

26. Ebenezer Howard quoted in ibid., p. 6.(Previous Note)

27. Ibid., chap. 2. (Previous Note)

28. HOAs are also referred to as community associations (CAs), residential community associations (RCAs), or common interest developments (CIDs).

29. Marc A. Weiss, "Community Builders and Community Associations: The Role of Real Estate Developers in Private Residential Governance," in Residential Community Associations: Private Governments in the Intergovernmental System (Washington, D.C.: United States Advisory Commission on Intergovernmental Relations, 1989).

30. 在加州这些叫做梅洛-鲁斯债券，发行这种债券是为了在减免税率的基础上抵消住房开发设施的成本。特定市区的建立的同时会带来房屋开发，此时会有一段时间用来偿还债券。这种债券通常不是很受欢迎，但在奥兰治县1995年破产之前，由于是地方政府债券，所以很容易售出。

31. Village of Belle Terre v. Boraas (1974), quoted in Robert H. Nelson, "Private Neighborhoods: A New Direction for the Neighborhood Movement," in Charles C. Geisler and Frank J. Popper, eds., Land Reform American Style (Totowah, N.J.: Rowman and Allanheld, 1984), p. 321.

32. Doreen Heisler and Warren Klein, Inside Look at Community Association Homeownership: Facts and Perceptions (Alexandria, Va.: Community Associations Institute, 1996), pp. 7–8.

33. Community Associations Institute, Community Associations Factbook (Alexandria, Va.: Community Associations Institute, 1993).

34. Robert B. Reich, The Work of Nations: Preparing Ourselves for 21st-Century Capitalism (A. A. Knopf, 1991). See also McKenzie, Privatopia; Stanley Scott, "The Homes Association: Will 'Private Government' Serve the Public Interest?" Public Affairs Report, vol. 8, no. 1; United States Advisory Commission

on Intergovernmental Relations, Residential Community Associations: Private Governments in the Intergovernmental System? (Washington, D.C.: USACIR, 1989); and Stephen E. Barton and Carol J. Silverman, "Common Interest Communities: Private Government and the Public Interest Revisited," in Stephen E. Barton and Carol J. Silverman, eds., Common Interest Communities: Private Government and the Public Interest (Institute of Governmental Studies Press, University of California at Berkeley, 1994).

35. See McKenzie, Privatopia; Earl Latham, "The Body Politic of the Corporation," in Edward S. Mason, ed., The Corporation in Modern Society (Harvard University Press, 1959); and Sanford A. Lakoff with Daniel Rich, Private Governments: Introductory Readings (Glenview, Ill.: Scott, Foresman, 1973).

36. David J. Kennedy, "Residential Associations as State Actors: Regulating the Impact of Gated Communities on Nonmembers," Yale Law Journal, vol. 105, no. 3 (December 1995), pp. 761–93.

37. John E. Petersen, "The Blossoming of Microgovernments," Governing (October 1994), p. 78.

38. Robert J. Dilger, Neighborhood Politics: Residential Community Associations in American Governance (New York University Press, 1992); and Kennedy, "Residential Associations as State Actors."

39. Lucy Soto, "Suburban Fortresses: Gated Communities Are Going Up, Keeping Out," Atlanta Constitution, September 17, 1995, sec. F, p. 4.

40. Kevin V Johnson, "Chicago Suburb a Fortress against Crime," USA Today, July 6, 1995, p. 3A.

41. John M. Glionna, "Hidden Hills Likes Its Politics out of View," Los Angeles Times, April 11, 1994, sec. A, p. 1.

42. Trevor Boddy, "Underground and Overhead: Building Analogous City," and Mike Davis, "Fortress Los Angeles: The Militarization of Urban Space," both in Michael Sorkin, ed., variations on a Theme Park: The New American City and the End of Public Space (New York: Hill and Wang, 1992). Also see Richard Louv, America II: The Book That Captures America in the Act of Creating the Future (New York: Penguin, 1985).

43. Boddy, "Underground and Overhead," p. 151.

第2章

1. Peter Marcuse, "Not Chaos, but Walls: Postmodernism and the Partitioned City," in Sophie Watson and Katherin Gibson, eds., Postmodern Cities and Spaces (Oxford: Blackwell, 1995), p. 248.

2. Ferdinand Tönnies, Community and Society, trans. and ed. C. P. Loomis(1887; reprint, New York: Harper, 1957).

3. Robert E. Park, Ernest W. Burgess, and Roderick D. McKenzie, The City(University of Chicago Press, 1925).

4. Louis Wirth, "Urbanism as a Way of Life," American Journal of Sociology vol. 44 (1938), pp. 3-24.

5. Roland L. Warren, The Community In America (Chicago: Rand McNally,1978).

6. Morris Janowitz, Community Press in an Urban Setting: The Social Elements of Urbanism, 2d ed. (University of Chicago Press, 1967).

7. Gerald Suttles, The Social Construction of Communities (University of Chicago Press, 1972).

8. Robert A. Nisbet, The Quest for Community (New York: Oxford University Press, 1970).

9. Melvin Webber, "Order in Diversity: Community without Propinquity," in Lowdon Wingo Jr., ed., Cities and Space: The Future Use of Urban Land, essays from the Fourth RRF Forum (Johns Hopkins University Press, 1963).

10. Barry Wellman and Barry Leighton, "Networks, Neighborhoods and Communities: Approaches to the Study of the Community Question," Urban Affairs Quarterly, vol. 14, no. 3 (1978), pp. 363-90; and Claude S. Fischer, To Dwell among Friends: Personal Networks in Town and City (University of Chicago Press, 1982).

11. George A. Hillery, Jr., "Definitions of Community: Areas of Agreement,"

Rural Sociology, vol. 20 (June 1955), p. 118.

12. Stephen E. Barton and Carol J. Silverman, Common Interest Homeowners' Association Management Study (Sacramento: California Department of Real Estate, 1987); Robert J. Dilger, Neighborhood Politics:Residential Community Associations in American Governance (New York University Press, 1992).

13. Dilger, Neighborhood Politics, p. 111.

14. Gregory S. Alexander, "Conditions of 'Voice': Passivity, Disappointment, and Democracy in Homeowner Associations," in Stephen E. Barton and Carol J. Silverman, eds., Common Interest Communities: Private Government and the Public Interest (Institute of Governmental Studies Press, University of California at Berkeley, 1994).

15. Gregory S. Alexander, "Dilemmas of Group Autonomy: Residential Associations and Community," Cornell Law Review, vol. 75, no. 1 (1989), pp.1-61.

16. Herbert J. Gans, The Levittowners: Ways of Life and Politics in a New Suburban Community (Pantheon Books, 1%7); Elijah Anderson, Streetwise:Race, Class and Change in an Urban Community (University of Chicago Press, 1990).

17. William Julius Wilson, The Truly Disadvantaged: The Inner City the Underclass, and Public Policy (University of Chicago Press, 1987).

18. Robert Bellah and others, Habits of the Heart: Indiviualism and Commitment in American Life (Harper and Row, 1986).

19. 安德雷斯·杜安伊和他的搭档伊丽莎白·普拉特–佐波克，以及彼得·卡尔索普和其他一些国家认证的建筑师都曾是建议建立行人为导向的新城镇的先驱，这种城镇不需要大门或路障，而是通过住区设计来形成安全的环境。

第3章

1. Paul Richter, "It Just Seems Like We're Worse Off," Los Angeles Times, January 26, 1995, sec. A, p. 1.

2. Economic and Statistics Administration, Sixty-Five Plus in the United States (Washington, D.C.: Census Bureau, U.S. Department of Commerce,1995).

3. Kevin Sullivan, "Folks Find Life at Leisure World Still Busy after All These Years," Washington Post, September 29, 1991, sec. B, p. 1.

4. 来自《芝加哥论坛报》上的广告，1989-05-06.

5. Lesley Alderman, "Four-Income Families," Money, vol. 24, no. 2(February 1995), pp. 148–54.

6. Quoted in John O'Dell, "Par Excellence: Country Clubs: Orange County Developers Bank on the Growing Demand for Golf Courses," Los Angeles Times, May 12, 1991, sec. D, p. 1.

7. Joel Garreau, Edge City: Life on the New Frontier (Doubleday, 1991).

8. Interview with Marta Borsanyi, Robert Charles Lesser and Company, November 27, 1993.

9. Quoted in David Guterson, "Home, Safe Home," Utne Reader, March/April 1993, p. 62.

10. 同上

11. 来自现场考察，1994-03.

12. 来自与政府官员的焦点小组会议，加利福尼亚州棕榈泉市，1994-09-29.

13. 同上

14. 同上

第4章

1. Robert A. M. Stern, ed., The Anglo-American Suburb, Architectural Design Profile (New York: St. Martin's Press, 1981).

2. Town and Country, "Wealth in America," report of a poll conducted by Roper Starch Worldwide in 1993 for Town and Country magazine, 1994.

3. 来自对南佛罗里达地产商协会常务董事查克·列侬（Chuck Lennon）的访谈，佛罗里达州迈阿密湖区，1994-12-09.

4. Interview with Curt Wellwood, Curt Wellwood Homes, Dallas, Texas, November 29, 1994.

5. Quoted in John M. Glionna, "Hidden Hills Likes Its Politics Out of View;" Los Angeles Times, April 11, 1994, sec. A, p. 1.

6. Quoted by Ina Jaffe, "Gated Communities Controversy in Los Angeles," All Things Considered, National Public Radio, August 11, 1992.

7. Quoted in Dianne Stallings, "Hernando County, with Its Reputation for Housing Bargains, Becoming a Prime Location for a Grand Style of House," St. Petersburg Times, October 4, 1987, p. H1.

8. Lorraine Mirabella, "Selling Security," Baltimore Sun, December 11, 1994, p. L1.

9. Charles Lesser and Co., "Flexexecutive: Redefining the American Dream," Advisory, Fall 1994.

10. Gary A. Clark, "City Boys Go West for Change: Conner, Bruno Join Forces in Development," St. Louis Post-Dispatch, June 25, 1989, p. 4.

11. Quoted in Jackie Ripley, "Nature's Way," St. Petersburg Times, July 21,1991, p. 9.

12. Quoted in David Harpster, "Plans for Stagecoach Springs Bounce Along," San Diego Union-Tribune, February 1, 1994, p. B1.

13. 来自与达拉斯市政府官员的焦点小组会议，1994–11–29.

14. Doreen Heisler and Warren Klein, Inside Look at Community Association Homeownership: Facts and Perceptions (Alexandria, Va.: Community Associations Institute, 1996).

15. 来自与达拉斯市政府官员的焦点小组会议，1994–11–29.

第5章

1. See Time/CNN Poll by Yankelovich Partners, Inc., reported in Jon D. Hull, "The State of the Union," Time, January 30, 1995, p. 63; Ronet Bachman, Crime Victimization in City Suburban, and Rural Areas (Washington, D.C.:Bureau

of Justice Statistics, U.S. Department of Justice, 1992); and Carol J.DeFrances and Steven K. Smith, Crime and Neighborhoods (Washington, D.C.: Bureau of Justice Statistics, U.S. Department of Justice, 1994), p. 2.

2. Bachman, Crime Victimization , p. 4.

3. Bureau of Justice Statistics, National Crime Victimization Survey(Washington, D.C.: U.S. Department of Justice, 1993).

4. Quoted in Gabriel Escobar and Patrice Gaines-Carter, "A Housing Complex Divided: Anti-Crime Fencing Angers Some Potomac Garden Residents," Washington Post, June 14, 1992, sec. A, p. 1.

5. Santiago O'Donnell, "More Than a Fence: 8-Foot Barrier Helped Cut Crime, Instill Hope at Potomac Gardens," Washington Post, December 10,1992, sec. DC, p. 1.

6. Miles Corwin, "Low-Income Project Gets Chic Security," Los Angeles Times, March 15, 1992, sec. B, p. 1.

7. Oscar Newman, "Defensible Space: A New Physical Planning Tool for Urban Revitalization," Journal of the American Planning Association, vol.61, no. 2 (Spring 1995), pp. 149–55.

8. Corwin, "Low-Income Project."

9. Citizens against Gated Enclaves v. Whitley Heights Civic Association and the City of Los Angeles, California State Court of Appeals, Harold J. (Fred)Woods. Judge. March 23. 1994.

10. Tom Lassiter, "Homeowners Explore Limiting Access," Sun-Sentinel, March 20, 1994, Broward ed., p. 5.

11. Russ Loar, "Gating of College Park West Proposed," Los Angeles Times, Orange County ed., sec. B, pp. 26.

12. Stephanie Simon, "Gate Debate Lingers at Posh Community," Los Angeles Times, January 3, 1995, sec. B, pp. 12.

13. Associated Press, "Life behind Barricades: The New U.S. Community," St. Petersburg Times, February 2, 1993, p. A1.

14. Kevin V. Johnson, "Chicago Suburb a Fortress against Crime," USA Today, July 6, 1995, p. 3A.

15. Mary Moore, "Part of Brentwood Allowed to Become Gated Community,"Los Angeles Times, June 4, 1995, Westside ed., sec. J, p. 3.

16. Mary Moore, "Brentwood Road Bloc; Communities: Residents of Enclave Near the Getty Center Receive Tentative City Council Approval to Erect Gates," Los Angeles Times, May 18, 1995, sec. J, p. 3.

17. Bob Campbell, "Community Seeks to Close Gate on Crime," St.Petersburg Times, February 11, 1992, p. 1.

18. Walt Yost, "Council Pounds the Pavement: Franklin Villa Site of First 'Road Show,'" Sacramento Bee, August 26, 1993, p. N1; see also editorial,"Fenced in at Franklin Villa," Sacramento Bee, March 16, 1993, p. B6.

19. Diana Sugg, "Small Neighborhood under Siege: Hopes and Dreams Swept away by Wave of Drug Dealing, Gun Battles," Sacramento Bee, January 31, 1993, p. B1.

20. Quoted in Ina Jaffe, "Gated Communities Controversy in Los Angeles,"All Things Considered. National Public Radio, August 11, 1992.

21. Oscar Newman, Improving the Viability of Two Dayton Communities:Five Oaks and Dunbar Manor (Great Neck, N.Y : Institute for Community Design Analysis, 1992), p. 14.

22. Mitchell Owens, "Saving Neighborhoods One Gate at a Time," New York Times, August 25, 1994, sec. B, p. 1.

23. Interview with Christina Abrams, planner, Coconut Grove NET, City of Miami, December 7, 1994.

24. John Williams, "Blocked Off; U.S. Probes Houston's Street Closures for Racial Intent," Chicago Tribune, January 1, 1995, Real Estate section, p. 4.

25. Oscar Newman, Community of Interest (Garden City, N.Y: Anchor Press/ Doubleday, 1980), chapter 6.

26. 同上.

27. Fort Lauderdale Police Department, Crime Prevention/Planning and Research Unit, Street Closure Study, September 20, 1990, p. 9.

28. Interview with Louis Wechsler, president of the homeowner association of South Coconut Grove, December 7, 1994.

第6章

1. Time/CNN Poll by Yankelovich Partners, Inc., reported in Jon D. Hull, "The State of the Nation," Time, January 30, 1995, p. 63.

2. Cited in Miles Corwin, "Guns for Hire: A Growing Corps of Private Cops Is the First Line of Defense for Homes and Shopsbut at a Price," Los Angeles Times, November 28, 1993, Magazine, p. 24.

3. 来自焦点小组会议，得克萨斯州普莱诺市，1994-11-28。

4. Oscar Newman, Community of Interest (Garden City, N.Y: Anchor Press/ Doubleday, 1980); Robert E. Park, Ernest W. Burgess, and Roderick D.McKenzie, The City (University of Chicago Press, 1925); Constance Perin, Everything in Its Place: Social Order and Land Use in America (Princeton University Press, 1977); Gerald D. Suttles, The Social Construction of Communities (University of Chicago Press, 1972).

5. Robert J. Dilger, Neighborhood Politics: Residential Community Associations in American Governance (New York University Press, 1992);Robert H. Nelson, "Private Neighborhoods: A New Direction for the Neighborhood Movement," in Charles C. Geisler and Frank J. Popper, eds., Land Reform American Style (Totowah, N.J.: Rowman and Allanheld, 1984).

6. 对封闭式社区和非封闭式社区直接进行比较不太可能。虽然社区组织行会将我们对封闭式社区的调查内容纳入到他们对业委会会员的调查之中，但我们仅获得了封闭式社区这部分的原始数据。除了前面章节中提到的关于安全感知方面的数据，社区组织行会发表的数据分析结果中也不包含封闭式和非封闭式社区二者之间的比较内容。

7. Mark Baldassare and Georjeanna Wilson, "Overall 'Sense of Community' in a Suburban Region: The Effects of Localism, Privacy and Urbanization," Working Paper 1994-15 (Department of Urban and Regional Planning, University of California at Irvine, 1994), p. 9.

8. Carol J. Silverman and Stephen E. Barton, "Shared Premises: Communityand Conflict in the Common Interest Development," in Stephen E. Bartonand Carol J. Silverman, eds., Common Interest Communities: Private

Government and the Public Interest (Institute of Governmental Studies Press, University of California at Berkeley, 1994); Common Interest Homeowners' Association Management Study (Sacramento: California Department of Real Estate, 1987); Dilger, Neighborhood Politics; Gregory S.Alexander, "Conditions of 'Voice': Passivity, Disappointment, and Democracy in Homeowner Associations," in Barton and Silverman, Common Interest Communities.

9. Marc Lacey, "Inside the Gates: A Naive Little Utopia," Los Angeles Times, June 16, 1991, sec. B, p. 3.

10. Amitai Etzioni, The Spirit of Community: Rights, Responsibilities, and the Communitarian Agenda (New York: Crown Publishers, 1993).

11. David M. Hummon, Commonplaces: Community Ideology and Identity in American Culture (Albany: State University of New York Press, 1990).

12. Robert N. Bellah and others, Habits of the Heart: Individualism and Commitment in American Life (Harper and Row, 1986), p. 37.

13. Ibid., p. 181.(Previous Note)

14. 来自与黑鹰乡村俱乐部房地产经纪人的焦点小组会议，加利福尼亚州，1994-09-28。

15. Newman, Community of Interest, p. 133.

16. Gregory S. Alexander, "Dilemmas of Group Autonomy: Residential Associations and Community," Cornell Law Review, vol. 75, no. 1 (1989), p.61.

17. Daniel Kemmis, "Living Next to One Another," Parabola, Winter 1993.

18. Focus group session with public officials in Plano, Texas, November 28, 1994.

第7章

1. William W. Goldsmith and Edward J. Blakely, Separate Societies: Poverty and Inequality in U.S. Cities (Temple University Press, 1992).

2. Brad Edmundson, "Seven Generations," American Demographics, January 1995, p. 52.

3. Mike Davis, City of Quartz: Excavating the Future in Los Angeles (New York: Verso, 1990), p. 130.

4. Charles Lockwood, "Edge Cities on the Brink," Wall Street Journal, Wednesday, December 21, 1994, p. A18.

5. Anthony Downs, New Visions for Metropolitan America (Brookings and Lincoln Institute of Land Policy, 1994), p. 204.

6. Reynolds Farley and others, "Continued Racial Segregation in Detroit: 'Chocolate City, Vanilla Suburbs' Revisited," Journal of Housing Research, vol. 44, no. 1 (1993), pp. 138.

7. George Galster, "Black Suburbanization: Has It Changed the Relative Location of Races?" Urban Affairs Quarterly, vol. 26, no. 4 (June 1991), p.622.

8. Douglas S. Massey and Nancy A. Denton, American Apartheid: Segregation and the Making of the Underclass (Harvard University Press, 1993), p. 69.

9. Greg Hinz, "Moving Violation," Chicago, March 1994, p. 21.

10. Massey and Denton, American Apartheid, p. 222.

11. Ibid.(Previous Note)

12. Nancy Denton, "Are African Americans Still Hypersegregated?" in Robert Bullard, J. Eugene Grigsby, and Charles Lee, eds., Residential Apartheid: The American Legacy (Los Angeles: CAAS Publications, 1994), pp. 62, 74.

13. Massey and Denton, American Apartheid; George C. Galster and Sean P.Killen, "The Geography of Metropolitan Opportunity: A Reconnaissance and Conceptual Framework," Housing Policy Debate, vol. 6, no. 1 (1995), pp.741.

14. Alan J. Abramson, Mitchell S. Tobin, and Matthew R. VanderGoot, "The Changing Geography of Metropolitan Opportunity: The Segregation of the Poor in U.S. Metropolitan Areas, 1970 to 1990," Housing Policy Debate, vol.6, no. 1 (1995), pp. 4572.

15. Claude S. Fischer and others, Inequality by Design: Cracking the Bell Curve Myth (Princeton University Press, 1996).

16. Dennis R. Judd, "The Rise of the New Walled Cities," in Helen Liggettand David C. Perry, eds., Spatial Practices: Critical Explorations in Social/Spatial Theory (Thousand Oaks, Calif.: Sage Publications, 1995), p.161.

17. See Mark Baldassare, Annual Orange County Survey conducted by the University of California at Irvine, 1994; and Jon D. Hull, "The State of the Union," Time, January 30, 1995, p. 63.

18. Patrick T. Reardon, "Fears, Frustrations Set Off the Exodus," Chicago Tribune, November 29, 1993, p. 1.

19. Bureau of Justice Statistics, National Crime Victimization Survey(Washington, D.C.: U.S. Department of Justice, 1993).

20. Edward J. Blakely, "Shaping the American Dream: Land Use Choices for America's Future," Working Paper (Lincoln Institute of Land Policy, Cambridge, Massachusetts, 1993).

21. Gail George, "Immigrants Spur Appeals to the Feds and Crime Sends Tourists toward Calmer Climes," Business Week, September 19, 1994, p. 4.

22. William H. Frey, "Immigration and Internal Migration Flight from U.S.Metropolitan Areas: Toward a New Demographic Balkanization," Urban Studies, vol. 32, no. 4 (1995), pp. 73357.

23. Dale Maharidge, "Walled Off," essay for publication in Mother Jones Magazine, n.d., 1995.

24. Galster and Killen, "Geography of Metropolitan Opportunity."

25. John Kain, "The Spatial Mismatch Hypothesis: Three Decades Later," Housing Policy Debate, vol. 6, no. 1 (1995), pp. 371460.

26. William Julius Wilson, The Truly Disadvantaged: The Inner City, the Underclass, and Public Policy (University of Chicago Press, 1987), p. 60.

27. Associated Press, "Life behind Barricades: The New U.S. Community," St. Petersburg Times, February 2, 1993, p. A1.

28. Art Lawler, "Perot Group Project Has a Fast Start," Dallas Morning News, March 26, 1992, p. 1F.

29. Robert Bullard, J. Eugene Grigsby, and Charles Lee, Residential Apartheid: The American Legacy (Los Angeles: CAAS Publications, 1994).

30. Y. Rabin, "The Persistence of Racial Isolation: The Role of Government Action," Working Paper (Department of Urban Studies, Massachusetts Institute of Technology, 1991).

31. Quoted in Constance Perin, Everything in Its Place: Social Order and Land Use in America (Princeton University Press, 1977), p. 87.

32. See Jim Schwab, "Home, Safe Home?" Zoning News, American Planning Association, September 1993, p. 3.

33. 来自与普莱诺市政府官员的访谈，得克萨斯州，1994-11-28.

34. June Fletcher, "Behind Walls, Millions Seek Safe Havens," Wall Street Journal, February 2, 1996, p. B8.

35. Bennett Roth, "Barricading Streets Can't Cut Off Controversy," Los Angeles Times, January 31, 1994, sec. B, p. 1.

36. J. Linn Allen, "Today's Castles: Some Seek Refuge behind Walls, Gates,"Chicago Tribune, May 12, 1990, Home Guide, Zone C, p. 1.

37. 来自与达拉斯市政府官员的焦点小组会议，1994-11-29.

38. Metropolitan Area Planning Department, "Report on Gated Subdivisions" (Wichita, Kansas, September 13, 1995), p. 6.

39. 来自大都市区规划委员会的会议记录，堪萨斯州威奇托市，1995-09-28.

40. Quoted in Stephanie Simon, "Thousand Oaks City Council to Vote on Enclave's Gate Plan," Los Angeles Times, April 27, 1993, sec. B, p. 1.

41. Quoted in Bob Campbell, "Subdivision Security Plan Is Critiqued," St.Petersburg Times, March 11, 1992, sec. 1, p. 1.

42. Quoted in Ina Jaffe, "Gated Communities Controversy in Los Angeles," All Things Considered. National Public Radio, August 11, 1992.

43. Quoted in Allen, "Today's Castles."

44. Mitchell Owens, "Saving Neighborhoods One Gate at a Time," New York Times, August 25, 1994, sec. B, p. 1.

第8章

1. See Oscar Newman, Defensible Space; Crime Prevention through Urban Design (Macmillan, 1972); and Jane Jacobs, The Death and Life of Great American

Cities (Modern Library, 1993).

2. Oscar Newman, Community of Interest (Garden City, N.Y : Anchor Press/ Doubleday, 1980).

3. Gerda R. Wekerle and Carolyn Whitzman, Safe Cities: Guidelines for Planning, Design, and Management (New York: Van Nostrand Reinhold,1995), p. 51.

4. Stephanie Mann with M. C. Blakeman, Safe Homes: Safe Neighborhoods:Stopping Crime Where You Live (Berkeley, Calif.: Nolo Press, 1993).

5. Lorraine Woellert, "Celebrating Diversity Makes Difference; Mount Pleasant Puts Riot, Polarity in Past-Tense View," Washington Times, May 24,1993, p. B1.

6. Brenda Eubank, "A Closer Look at the Users of Woonerven," in Anne Vernez Moudon, Public Streets for Public Use (New York: Van Nostrand Reinhold, 1987).

7. John M. Fernandez, "Builder Brings Back the Neighborhood Street," Planning, June 1994, pp. 2126.

8. Eubank, "A Closer Look"; Michael Southworth and Eran Ben-Joseph, "Regulated Streets: The Evolution of Standards for Suburban Residential Streets," Working Paper 593 (Institute of Urban and Regional Development, University of California at Berkeley, 1993).

9. Fernandez, "Builder Brings Back the Neighborhood Street."

10. Timothy Beatley and David J. Brower, "Sustainability Comes to Main Street," Planning, May 1993; and Sim Van der Ryn and Peter Calthorpe, eds., Sustainable Communities: A New Design Synthesis for Cities, Suburbs and Towns (San Francisco: Sierra Club Books, 1986).

11. John Hagan and Ruth D. Peterson, eds., Crime and Inequality (Stanford University Press, 1995).

12. Robert A. M. Stern, ed., The Anglo-American Suburb, Architectural Design Profile (New York: St. Martin's Press, 1981).

13. Philip Langdon, A Better Place to Live: Reshaping the American Suburb(University of Massachusetts Press, 1994).

14. Susan Handy, "Neo-traditional Development: The Debate," Berkeley Planning Journal (1991), pp. 13544.

15. Peter Calthorpe, The Next American Metropolis: Ecology Community and the American Dream (Princeton, N.J.: Princeton Architectural Press,1993), p. 37.

16. Mark Baldasarre, Trouble in Paradise: The Suburban Transformation in America (Columbia University Press, 1986), p. 144.

17. Anthony Downs, New Visions for Metropolitan America (Brookings and Lincoln Institute for Land Use Policy, 1994), p. 58.

18. 桥梁房屋公司由旧金山湾区委员会公司通过公私合营模式组织创建的，十几年间成功开发了混合收益、混合用途的住房。它是美国排名前100的多户住宅开发商。

19. William W. Goldsmith and Edward J. Blakely, Separate Societies: Poverty and Inequality in U.S. Cities (Temple University Press, 1992).

20. Daniel Patrick Moynihan, The Negro Family: The Case for National Action (Washington, D.C.: U.S. Department of Labor, 1965).

21. John Gardner, former secretary of Health and Human Services, has written and spoken on the topic of community as the only meaningful mechanism for integrating the nation's rising tide of diversity. Amitai Etzionihas co-founded a journal, The Responsive Community, that focuses on building a new social ethic for community.

22. Michael Walzer, Spheres of Justice: A Defense of Pluralism and Equality(Basic Books, 1983), p. 2.

23. Downs, New Visions for Metropolitan America, p. 205.

24. Eric F. Goldman, Rendezvous with Destiny (New York: Vintage Books,1958), p. 347; Roosevelt quoted on p. 346.

参考资料

Abramson, Alan J., Mitchell S. Tobin, and Matthew R. Vander Goot. "The Changing Geography of Metropolitan Opportunity: The Segregation of the Poor in U.S. Metropolitan Areas, 1970 to 1990." Housing Policy Debate 6, no. 1 (1995): 45–72.

Alexander, Gregory S. "Conditions of 'Voice': Passivity, Disappointment, and Democracy in Homeowner Associations." In Stephen E. Barton and Carol J. Silverman, eds., Common Interest Communities: Private Government and the Public Interest. Institute of Governmental Studies Press, University of California at Berkeley, 1994.

Alexander, Gregory S. "Dilemmas of Group Autonomy: Residential Associations and Community." Cornell Law Review 75, no. 1 (1989):1–61.

Anderson, Elijah. Streetwise: Race, Class and Change in an Urban Community. University of Chicago Press, 1990.

Baldassare, Mark. Orange County Annual Survey. Irvine, Calif., Program in Social Ecology and Public Policy Research, University of California, 1994.

Baldassare, Mark. Trouble in Paradise: The Suburban Transformation in America. Columbia University Press, 1986.

Baldassare, Mark, and Georjeanna Wilson. "Overall 'Sense of Community' in a Suburban Region: The Effects of Localism, Privacy and Urbanization." Working Paper 199415. Department of Urban and Regional Planning, University of California at Irvine, 1994.

Barton, Stephen E., and Carol J. Silverman. "Common Interest Communities: Private Government and the Public Interest Revisited." In Stephen E. Barton and Carol J. Silverman, eds., Common Interest Communities: Private Government and the Public Interest. Berkeley: Institute of Governmental Studies Press, University of California at

Berkeley, 1994.

Barton, Stephen E., and Carol J. Common Interest Homeowners' Association Management Study. Sacramento: California Department of Real Estate, 1987.

Barton, Stephen E., and Carol J. Silverman, eds. Common Interest Communities: Private Government and the Public Interest. Berkeley:Institute of Governmental Studies Press, University of California at Berkeley,1994.

Beatley, Timothy, and David J. Brower. "Sustainability Comes to Main Street." Planning, May 1993.

Bellah, Robert N., and others. Habits of the Heart: Individualism and Commitment in American Life. Harper and Row, 1986.

Blakely, Edward J. "Shaping the American Dream: Land Use Choices for America's Future." Working Paper.Lincoln Institute of Land Policy, Cambridge, Mass., 1993.

Boddy, Trevor. "Underground and Overhead: Building the Analogous City."In Michael Sorkin, ed. Variations on a Theme Park: The New American City and the End of Public Space. New York: Hill and Wang, 1992.

Bowen, W. A. Selected Statistics and Comments Concerning Poverty in California and the Nation.Department of Geography, California State University, Northridge.

Bruegmann, Robert. "The Twenty-Three Percent Solution." American Quarterly 46, no. 1 (March 1994): 31–34.

Bullard, Robert, J. Eugene Grigsby, and Charles Lee, eds. Residential Apartheid: The American Legacy. Los Angeles: CAAS Publications, 1994.

Bureau of Justice Statistics.National Crime Victimization Survey.Washington, D.C.: U.S. Department of Justice, 1993.

Bureau of Justice Statistics.Rural, Suburban, and Inner City Victimization. Washington, D.C.: U.S. Department of Justice, 1989.

Citizens against Gated Enclaves v. Whitley Heights Civic Association and the City of Los Angeles. California State Court of Appeals, Harold J. (Fred)Woods, Judge. March 23, 1994.

Calthorpe, Peter. The Next American Metropolis: Ecology, Community, and the American Dream. New York: Princeton Architectural Press, 1993.

Charles Lesser and Co. "Flexexecutive: Redefining the American Dream."Advisory, Fall 1994.

Chinitz, Ben. "A Framework for Speculating about Future Urban Growth Patterns in the United States."Lincoln Institute of Land Policy, Cambridge, Mass.,1991.

"Crime: Safer Streets, Yet Greater Fear." Time, January 20, 1995.

Danielson, Michael N. The Politics of Exclusion.Columbia University Press,1976.

Davis, Mike. City of Quartz: Excavating the Future in Los Angeles. New York: Verso, 1990.

Davis, Mike. "Fortress Los Angeles: The Militarization of Urban Space." In Michael Sorkin, ed., variations on a Theme Park: The New American City and the End of Public Space. New York: Hill and Wang, 1992.

Defrances, Carol J., and Steven K. Smith.Crime and Neighborhoods. Washington, D.C.: Bureau of Justice Statistics, U.S. Department of Justice,1994.

Denton, Nancy. "Are African Americans Still Hypersegregated?" In Robert Bullard, J. Eugene Grigsby, and Charles Lee, eds., Residential Apartheid: The American Legacy. Los Angeles: CAAS Publications, 1994.

Dilger, Robert J. Neighborhood Politics: Residential Community Associations in American Governance. New York University Press, 1992.

Downs, Anthony. New Visions for Metropolitan America.Brookings and Lincoln Institute of Land Policy, 1994.

Edmundson, Brad. "Seven Generations." American Demographics, January 1995.

Etzioni, Amitai. The Spirit of Community: Rights, Responsibilities, and the Communitarian Agenda. New York: Crown Publishers, 1993.

Eubank, Brenda. "A Closer Look at the Users of Woonerven."In Anne Vernez Moudon, Public Streets for Public Use. New York: Van Nostrand Reinhold, 1987.

Farley, Reynolds and others. "Continued Racial Residential Segregation in Detroit: 'Chocolate City, Vanilla Suburbs' Revisited." Journal of Housing Research

4, no. 1 (1993): 1–38.

Fischer, Claude S. To Dwell among Friends: Personal Networks in Town and City. University of Chicago Press, 1982.

Fischer, Claude S. and others. Inequality by Design: Cracking the Bell Curve Myth. Princeton University Press, 1996.

Fishman, Robert. Bourgeois Utopias: The Rise and Fall of Suburbia. Basic Books, 1987.

Ft. Lauderdale (Fla.) Police Department, Crime Prevention/Planning and Research Unit. Street Closure Study. September 20, 1990.

Ft. Lauderdale."Four Income Families." Money, vol. 24, no. 2 (February 1995): 148–54.

Frey, William H. "Immigration and Internal Migration Flight from U.S. Metropolitan Areas: Toward a New Demographic Balkanization." Urban Studies 32, no. 4 (1995): 733–57.

Galster, George C. "Housing Discrimination and Urban Poverty of African-Americans." Journal of Housing Research 2, no. 2 (1991):87–122.

Galster, George C. "Black Suburbanization: Has It Changed the Relative Location of Races?" Urban Affairs Quarterly 26, no. 4 (June 1991): 622.

Galster, George C., and Sean P. Killen. "The Geography of Metropolitan Opportunity: A Reconnaissance and Conceptual Framework." Housing Policy Debate 6, no. 1 (1995): 7–41.

Galster, George C., and Maris Mikelsons. "The Geography of Metropolitan Opportunity: A Case Study of Neighborhood Conditions Confronting Youth in Washington, D.C." Housing Policy Debate 6, no. 1 (1995): 73–103.

Gans, Herbert J. The Levittowners: Ways of Life and Politics in a New Suburban Community. Pantheon Books, 1967.

Garreau, Joel. Edge City: Life on the New Frontier. Doubleday, 1991.

Geisler, Charles C., and Frank J. Popper, eds. Land Reform American Style. Totowa, N.J.: Rowman and Allanheld, 1984.

George, Gail. "Immigrants Spur Appeals to the Feds and Crime Sends Tourists toward Calmer Climes." Business Week, September 19, 1994.

Glynn, Thomas J. "Psychological Sense of Community: Measurement and Application. Human Relations 34, no. 7 (1981): 789–818.

Goldman, Eric F. Rendezvous with Destiny. Vintage Books, 1958.

Goldsmith, William W , and Edward J. Blakely. Separate Societies: Poverty and Inequality in U.S. Cities. Temple University Press, 1992.

Guterson, David. "Home, Safe Home." Utne Reader, March/April 1993.

Hagan, John, and Ruth D. Peterson, eds. Crime and Inequality.Stanford University Press, 1995.

Handy, Susan. "Neo-traditional Development: The Debate." Berkeley Planning Journal 6 (1991): 135–44.

Heisler, Doreen, and Warren Klein. Inside Look at Community Association Homeownership: Facts and Perceptions. Alexandria, Va.: Community Associations Institute, 1996.

Hillery, George A., Jr. "Definitions of Community: Areas of Agreement." Rural Sociology 20 (June 1955): 118.

Hinz, Greg. "Moving Violation." Chicago, March 1994.

Hull, John. "The State of the Nation." Time, January 30, 1995.

Hummon, David M. Commonplaces: Community Ideology and Identity in American Culture. Albany: State University of New York Press, 1990.

Jackson, Kenneth. Crabgrass Frontier: The Suburbanization of the United States. New York: Oxford University Press, 1985.

Jacobs, Jane. The Death and Life of Great American Cities.Modern Library,1993.

Janowitz, Morris. Community Press in an Urban Setting: The Social Elements of Urbanism. 2d ed. University of Chicago Press, 1967.

Judd, Dennis R. "The Rise of the New Walled Cities." In Helen Liggett and David C. Perry, eds., Spatial Practices: Critical Explorations in Social/Spatial Theory. Thousand Oaks, Calif.: Sage Publications, 1995.

Kain, John. "The Spatial Mismatch Hypothesis: Three Decades Later." Housing Policy Debate 6, no. 1 (1995): 371–460.

Kanter, Rosabeth Moss. Commitment and Community: Communes and

Utopias in Sociological Perspective. Harvard University Press, 1972.

Keating, Dennis. The Suburban Dilemma.Temple University Press, 1994.

Kemmis, Daniel. "Living Next to One Another." Parabola (Winter 1993):611.

Kennedy, David J. "Residential Associations as State Actors: Regulating the Impact of Gated Communities on Nonmembers." Yale Law Journal, vol. 105, no. 3 (December 1995): 761–93.

Lakoff, Sanford A., with Daniel Rich, eds. Private Government:Introductory Readings. Glenview, Ill.: Scott, Foresman, 1973.

Landis, John. "Do Growth Controls Work? A New Assessment."Working Paper 547.Institute of Urban and Regional Development, University of California at Berkeley, 1991.

Landis, John. "The Future of America's Center Cities." University of California at Berkeley, 1988.

Langdon, Philip. A Better Place to Live: Reshaping the American Suburb. Amherst: University of Massachusetts Press, 1994.

Latham, Earl. "The Body Politic of the Corporation." In Edward S. Mason, ed., The Corporation in Modern Society. Harvard University Press, 1959.

Leinberger, Christopher B., and Charles Lockwood. "How Business Is Reshaping America." Atlantic, October 1986.

Leinberger, Christopher B. "Suburbia." Los Angeles, Calif.: Robert Charles Lesser and Co., 1993.

Liggett, Helen, and David C. Perry, eds. Spatial Practices: Critical Explorations in Social/Spatial Theory. Thousand Oaks, Calif.: Sage Publications, 1995.

Louv, Richard. America II: The Book That Captures America in the Act of Creating the Future. New York: Penguin, 1985.

Mc Kenzie, Evan. Privatopia: Homeowner Associations and the Rise of Residential Private Government. Yale University Press, 1994.

Maharidge, Dale. "Walled Off." Mother Jones Magazine, vol. 19, no. 6 (Nov:Dec. 1994): 26.

Mann, Stephanie, with M. C. Blakeman. Safe Homes, Safe Neighborhoods:

Stopping Crime Where You Live. Berkeley, Calif.: Nolo Press, 1993.

Marcuse, Peter. "Not Chaos, but Walls: Postmodernism and the Partitioned City." In Sophie Watson and Katherin Gibson, eds., Postmodern Cities and Spaces. Oxford: Blackwell, 1995.

Massey, Douglas S., and Nancy A. Denton. American Apartheid: Segregation and the Making of the Underclass. Harvard University Press, 1993.

Metropolitan Area Planning Department. "Report on Gated Subdivisions." Wichita, Kansas, September 13, 1995.

Michelson, William. Environmental Choice, Human Behavior, and Residential Satisfaction. New York: Oxford University Press, 1977.

Nasar, Jack L., and David A. Julian."The Psychological Sense of Community in the Neighborhood." Journal of the American Planning Association, vol. 6, no. 2 (Spring 1995): 178–84.

Nelson, Robert H. "Private Neighborhoods: A New Direction for the Neighborhood Movement." In Charles C. Geisler and Frank J. Popper, eds.Land Reform American Style. Totowah, N.J.: Rowman and Allanheld, 1984.

Nelson, Robert H. "The Privatization of Local Government: From Zoning to RCAs." In Residential Community Associations: Private Governments in the Intergovernmental System? Washington, D.C.: United States Advisory Commission on Intergovernmental Relations, 1989.

Newman, Oscar. Community of Interest. Garden City, N.Y: Anchor Press/Doubleday, 1980.

Newman, Oscar. Defensible Space: Crime Prevention through Urban Design. New York: Macmillan, 1972.

Newman, Oscar. "Defensible Space: A New Physical Planning Tool for Urban Revitalization." Journal of the American Planning Association 61, no. 2(Spring 1995): 149–55.

Newman, Oscar. Improving the Viability of Two Dayton Communities: Five Oaks and Dunbar Manor. Great Neck, N.Y : Institute for Community Design Analysis, 1992.

Nisbet, Robert A. The Quest for Community. New York: Oxford University

Press, 1970.

Park, Robert E., Ernest W. Burgess, and Roderick D. Mc Kenzie. The City. University of Chicago Press, 1925.

Parker, Rowland.The Common Stream. London: Granada Publishing, 1976.

Parrington, Vernon L. The Colonial Mind: 16201800. Harvest Books-Harcourt, Brace and Co., 1954.

Perin, Constance. Everything in Its Place: Social Order and Land Use in America. Princeton University Press, 1977.

Petersen, John E. "The Blossoming of Micro Governments." Governing, October 1994.

Rabin, Y. "The Persistence of Racial Isolation: The Role of Government Action." Working Paper.Department of Urban Studies, Massachusetts Institute of Technology, 1991.

Reich, Robert B. The Work of Nations: Preparing Ourselves for 21st-Century Capitalism. A. A. Knopf, 1991.

Sandefur, Gary D., and Marta Tienda, eds. Divided Opportunities:Minorities, Poverty, and Social Policy. New York: Plenum Press, 1988.

Scott, Stanley. "The Homes Association: Will 'Private Government' Serve the Public Interest?" Public Affairs Report 8, no. 1.

Sennett, Richard. The Fall of Public Man. W. W. Norton, 1992.

Sharpe, William, and Leonard Wallock. "Bold New City or Built-Up Burb?:Redefining Contemporary Suburbia." American Quarterly 46, no. 1 (March 1994): 1–30.

Sorkin, Michael, ed. Variations on a Theme Park: Scenes from the New American City and the End of Public Space. Hill and Wang, 1992.

Southworth, Michael, and Eran Ben-Joseph."Regulated Streets: The Evolution of Standards for Suburban Residential Streets." Working Paper 593. Institute of Urban and Regional Development, University of California at Berkeley, 1993.

Southworth, Michael, and Eran Ben-Joseph.Streets and the Shaping of Towns and Cities. New York: Mc Graw-Hill, 1997.

Stern, Robert A. M., ed. The Anglo-American Suburb, Architectural Design Profile. New York: St. Martin's Press, 1981.

Sternlieb, George. "Charting the 1990s Things Ain't What They Used to Be." Journal of the American Planning Association 56, no. 4 (1990): 492–96.

Suttles, Gerald. The Social Construction of Communities.University of Chicago Press, 1972.

Szymanski, Richard. "Can Changing Neighborhood Traffic Circulation Patterns Reduce Crime and Improve Personal Safety? A Quantitative Analysis of One Neighborhood's Efforts." Master's thesis, Department of City and Regional Planning, Florida Atlantic University, 1994.

Tönnies, Ferdinand. Community and Society. Translated and edited by Charles P. Loomis. 1887; New York: Harper & Row, 1963.

Town and Country."Wealth in America." Hearst Corporation, 1994.

United States Advisory Commission on Intergovernmental Relations. Residential Community Associations: Private Governments in the Intergovernmental System? Washington, D.C.: USACIR, 1989.

U.S. Department of Labor, Office of Policy Planning and Research. The Negro Family: The Case for National Action. Washington, D.C.: 1965.

Van der Ryn, Sim, and Peter Calthorpe, eds. Sustainable Communities: A New Design Synthesis for Cities, Suburbs, and Towns. San Francisco: Sierra Club Books, 1986.

Vidal, Avis. "Reintegrating Disadvantaged Communities into the Fabric of Urban Life: The Role of Community Development." Housing Policy Debate 6, no. 1(1995): 169–230.

Vidich, Arthur J., and Joseph Bensman.Small Town in Mass Society.Princeton University Press, 1968.

Walzer, Michael. Spheres of Justice: A Defense of Pluralism and Equality. Basic Books, 1983.

Warren, Roland. The Community in America. Chicago: Rand Mc Nally, 1978.

Webber, Melvin. "Order in Diversity: Community without Propinquity." In

Lowdon Wingo Jr., ed. Cities and Space: The Future Use of Urban Land, essays from the fourth RFF Forum. Johns Hopkins University Press, 1963.

Weibe, Robert. The Segmented Society: An Introduction to the Meaning of America. New York: Oxford University, Press, 1975.

Weiss, Marc A. "Community Builders and Community Associations: The Role of Real Estate Developers in Private Residential Governance." In Residential Community Associations: Private Governments in the Intergovernmental System. Washington, D.C.: United States Advisory Commission on Intergovernmental Relations, 1989.

Weiss, Marc A. The Rise of the Community Builders: The American Real Estate Industry and Urban Land Planning. Columbia University Press, 1987.

Wekerle, Gerda R., and Carolyn Whitzman. Safe Cities: Guidelines for Planning, Design, and Management. New York: Van Nostrand Reinhold,1995.

Wellman, Barry, and Barry Leighton. "Networks, Neighborhoods and Communities: Approaches to the Study of the Community Question." Urban Affairs Quarterly 14, no. 3 (1978): 363–90.

Wilson, William Julius. The Truly Disadvantaged: The Inner City the Underclass, and Public Policy. University of Chicago Press, 1987.

Wingo, Lowdon Jr., ed. Cities and Space: The Future Use of Urban Land, essays from the fourth RFF Forum. Johns Hopkins University Press, 1963.

Wirth, Louis. "Urbanism as a Way of Life." American Journal of Sociology 44 (1938): 3–24.

致谢

本书要特别感谢：

中国城市规划设计研究的杨保军院长，周建明博士，黄硕，张辛悦，董超，解永庆，岳阳，郭君君，秦潇雨，马诗梦；德国莱布尼茨生态空间规划发展研究院（Leibniz Institute of Ecological Urban and Regional Development）Berhard Müller院士，谢晓萍博士；英国巴斯大学蒋林等。